U0786097

2015 年重庆市教育委员会人文社会科学类研究项目“基础教育课程改革的可持续发展研究——基于大数据的视角”，项目编号：15SKG172

重庆市特色学科专业群——教师教育学科专业群资助成果

长江师范学院教育学学科建设经费资助项目

基础教育课程改革的可持续发展研究

于海洪　张　婷　李加峰　编著

科学出版社
北　京

内 容 简 介

本书回顾与分析了中国百年以来基础教育课程改革的发展历程，对比分析了国外基础教育课程改革的发展情况，并从大数据的视角对基础教育课程改革的未来发展进行了展望。

本书适合基础教育及相关领域的研究者、教师和相关教育主管部门工作人员阅读。

图书在版编目（CIP）数据

基础教育课程改革的可持续发展研究/于海洪，张婷，李加峰编著. 一北京：科学出版社，2017.10

ISBN 978-7-03-054811-5

I. ①基… II. ①于… ②张… ③李… III. ①基础教育一课程改革一研究 IV. ①G632.3

中国版本图书馆 CIP 数据核字(2017)第 248231 号

责任编辑：郭勇斌 周 爽 / 责任校对：贾娜娜
责任印制：张 伟 / 封面设计：蔡美宇

科学出版社 出版
北京东黄城根北街 16 号
邮政编码：100717
http://www.sciencep.com
北京厚诚则铭印刷科技有限公司 印刷
科学出版社发行 各地新华书店经销
*
2017 年 10 月第 一 版 开本：720×1000 1/16
2022 年 6 月第四次印刷 印张：9 1/2
字数：170 000

定价：58.00 元

（如有印装质量问题，我社负责调换）

序

大数据不仅把全球卷入了一个以数据、数据分析与预测为特征的时代，也带来了学习和思维的革命，给信息化教学提供了方便条件，使教育过程中的资源观、教学观、学生发展观等都发生了变化，导致研究领域、关注度等深刻变革。无论是教育还是其他领域，人类总是“在无法获得实证数据的时候纯粹依赖经验、理论、假设和价值观去发现未知领域的规律”。身处大数据时代，面对生产的科技化、生活的网络化、生存的娱乐化，阅读的快餐化、学习的泛在化、教育的理想化，我们如何应对？大数据时代的到来，让所有社会科学领域能够借由前沿技术的发展从宏观群体走向微观个体，让跟踪每一个人的数据成为了可能，从而让研究“人性”更有了实操能力。对于教育研究者来说，将比任何时候都更接近“真正”的学生。例如，翻转课堂创造了人性化学习方式，学生在家观看教学视频，可以根据个人需要制定一个自定进度的学习计划。萨尔曼·汗发现，那些在某个或某些概念上多用一点点额外时间的孩子，一旦理解了概念，就会很快进步。

本书在重庆市教育委员会人文社会科学类研究项目“基础教育课程改革的可持续发展研究——基于大数据的视角”（项目编号：15SKG172）基础上研究撰写完成，在研究过程中，力求用国际的视野，站在国家战略的高度，突出学校教育问题，体现基础教育特色实现跨学科（跨界）思考基础教育改革问题。自 2015 年以来，笔者及同事运用文献研究、调查研究等多种方法，本着从实求知的原则和方法论，利用大数据技术（金数据、佰思问卷调查系统等）进行了海量调研。从时间轴上看，一直推演到清朝末期，也就是破除“科举制”以来；从空间地域轴上看，通过朋友推荐、文献记录一直延伸到欧美、俄罗斯和日本等国家和地区。就实地调研而言，搜集的数据实际覆盖 12 个省（自治区、直辖市）。

在项目研究过程中，得到了广大热心基础教育课程改革的有识之士的无私帮助，调查者深入到相关中小学实地查看课表，实地听课看课，验证某些事实。从东到西，从北到南，从边疆到内地，都留下了调查者的足迹。在这里需要感谢的有：黑龙江省八五二农场教育科的宋北荒，吉林省长春市一线教师马淑杰，甘肃省白银市一线教师魏雅洁，河南省驻马店市一线教师王冶，湖南省宁乡县教师进修学校副校长谢彩飞、主任丁常春和教师胡英，浙江省网络专家胡保坤博士、一线教师王佳权，江西省鹰潭市图书馆馆长谢春曼，广西壮族自治区桂林市小学校长贾慧芝，广东省中山市一线教师刘金凤，上海市“加拿大-中国教师教育和学校教育互惠学习”实验学校的部分教师，北京师范大学教授、《比较教育研究》主编鲍东明，以及重庆市江津区一线教师李海洋、涪陵区第十六中副校长傅孝燕、重庆市第十一中副校长李顺林、石柱县马武中学胡蝶和长江师范学院小学教育全科 2015 级 2 班的全体同学。

本书在项目研究的基础上，由于海洪提出撰写提纲，于海洪、张婷、李加峰三位执笔写作。感谢项目主参研人员张婷、刘希娅、刘剑、夏敏、吴玉学、李加峰、王纬、曹秀娟、王殿东为研究作出的贡献。在书稿撰写过程中，笔者也学习借鉴了许多前人的同类型研究成果，并在本书中适当位置予以标注。这些前人的研究成果为本书提供了许多理论与实践结论支撑，在此一并表示感谢。

在前期研究和书稿撰写过程中，得到了长江师范学院立项的“重庆市特色学科专业群教师教育学科专业群”“长江师范学院教育学学科建设”等项目的资助，得到了长江师范学院教师教育学院院长冉隆锋博士、书记雷继红教授的大力支持。

在此对为该项目完成作出直接和间接贡献的各位同仁表示衷心的感谢。由于笔者的视野、水平有限，加之选题所具有的挑战性，书中难免存在错漏，敬请谅解，并请提出批评指正。

笔　者

2017 年 3 月 12 日

目　录

绪　论

一、核心概念的操作性定义

本书涉及基础教育、课程改革和可持续发展研究三个概念，由这三个概念组成了基础教育课程改革的可持续发展这一核心概念。

可持续发展（sustainable development）概念的明确提出，源于1980年世界自然保护联盟（International Union for Conservation of Nature，IUCN）、联合国环境规划署（United Nations Environment Programme，UNEP）、世界野生生物基金会（World Wildlife Fund，WWF，现世界自然基金会）共同发表的《世界自然保护大纲》[①]。1987年以布伦特兰夫人为首的世界环境与发展委员会（World Commission on Environment and Development，WCED）发表了报告《我们共同的未来》，这份报告正式使用了“可持续发展”概念，并对之做出了比较系统的阐述，产生了广泛的影响。后来，研究者和不同国度的领袖给可持续发展下的不同定义和解读超过100种，被广泛接受、影响最大的仍是世界环境与发展委员会在《我们共同的未来》中的定义。该报告中的“可持续发展”包括两个重要概念：需要的概念，尤其是世界各国人们的基本需要，应将此放在特别优先的地位来考虑；限制的概念，技术状况和社会组织对环境满足眼前和将来需要的能力施加的限制。需要和发展，限制和发展，人与自然，历史、现在与未来是一个密不可分的系统，既要达到发展经济的目的，又要保护好人类赖以生存的大气、淡水、海洋、土地和森林等自然资源和环境，使子孙后代能够永续发展和安居乐业。可持续发展与环境保护既有联系，又不等同。环境保护是可持续发展的重要方面。可持续发展的核心是发展，但要求在严格控制人口、提高人口素质、保护环境、资源永续利用的前提下进行经济和社会的发展。发展是可持续发展的前提，人是可持续发展的中心体，可持续长久的发展才是真正的发展，使子孙后代能够永续发展和安居乐业。“持续性”一词首先是由生态学家提出来的，即“生态持续性”（ecological

① 曾珍香，顾培亮，张闽. 可持续发展的概念及内涵的研究[J]. 管理世界，1998，(2)：209-210.

sustainability），意在说明自然资源及其开发利用程序间的平衡。这是从自然角度说的，具有理想主义色彩。为了能够使这个理念落地，人们就从社会角度来思考。1991年，由世界自然保护联盟、联合国环境规划署和世界自然基金会共同发表《保护地球：可持续生存战略》（*Caring for the Earth: A Strategy for Sustainable Living*），将可持续发展定义为“在生存于不超出维持生态系统涵容能力之情况下，改善人类的生活品质”，并提出了人类可持续生存的九条基本原则。这一定义强调了在保持底线的情况下，围绕现实的人来思考发展问题，把改善生活品质作为目标。后来还有侧重于经济方面的定义，例如，爱德华·B. 巴比尔（Edivard B. Barbier）在其著作《经济、自然资源：不足和发展》中，把可持续发展定义为“在保持自然资源的质量及其所提供服务的前提下，使经济发展的净利益增加到最大限度”；皮尔斯（D. Pearce）认为：“可持续发展是今天的使用不应减少未来的实际收入”，“当发展能够保持当代人的福利增加时，也不会使后代的福利减少”[①]。侧重于科技方面的定义，例如，斯帕思（J. G. Spath）认为：“可持续发展就是转向更清洁、更有效的技术——尽可能接近‘零排放’或‘密封式’，工艺方法——尽可能减少能源和其他自然资源的消耗”[②]。

这些概念，好像没有和教育，更没有和基础教育课程改革联系起来。我们可以在可持续发展的教育系统里找到可持续发展与教育的联系：可持续发展要求人们有较高的知识水平，明白人的活动对自然和社会的长远影响与结果；要求人们有较高的道德水平，认识自己对子孙后代的崇高责任，自觉地为人类社会的长远利益而牺牲一些眼前利益和局部利益。这就需要在可持续发展的能力建设中大力发展符合可持续发展精神的教育事业。可持续发展的教育体系应该不仅使人们获得可持续发展的科学知识，也使人们具备可持续发展的道德水平。这种教育既包括学校教育这种主要形式，也包括广泛的潜移默化的社会教育。说到这里，还是没有找到可持续发展与基础教育课程改革的联系，是不是有生拉硬扯、牵强附会的感觉呢？这就需要我们透过现象看本质。可持续发展注重社会、经济、文化、资源、环境、生活等各方面协调“发展”，要求这些方面的各项指标组成的向量的变化呈现单调增态势（强可持续发展），至少其总的变化趋势不是单调减态势（弱可持续发展）。可持续发展必须坚持三大原则：公平性原则（本代人之间的公平、代际间的公平和资源分配与利用的公平，要给各国、各地区的人、世世代

① 中华人民共和国科学技术部农村与社会发展司. 2003 中国可持续发展科技报告[M]. 北京：中国农业出版社，2004.

② 同①。

代的人以平等的发展权），持续性原则（人类经济和社会的发展不能超越资源和环境的承载能力），共同性原则（各国可持续发展的模式虽然不同，但公平性和持续性原则是共同的，强调局部利益与整体利益的有机结合）。可以说，可持续发展的原则、理念应该是基础教育课程改革或者说课程设置、课程实施的原则、理念和基本要求。

因此，本书将基础教育课程改革的可持续发展定义为：在基础教育课程改革中，要注重社会、经济、文化、资源、环境、生活等各方面协调“发展”，基础教育的课程设置、实施、评价要与社会形态、经济状态、文化背景、资源状况、环境条件、生活水平相适应；使这些方面的各项指标组成的向量的变化对基础教育的影响是正向的，至少不是负面的和反向的；基础教育的课程设置必须坚持三大原则即公平性原则（确保每一位学生都能够享受适宜的教育），持续性原则（课程设置应该不超越社会形态、经济状态、文化背景、资源状况、环境条件、生活水平和学生的承受能力），共同性原则（人才培养目标既要符合人类发展的需要，也要符合国家的现实与未来的需要，更要符合学生自身发展的需要，三者必须有机结合，不能偏颇）。

二、大数据思维的研究视角

本书从大数据思维视角，对基础教育课程改革进行理性的审视和研究，期望为基础教育课程改革的推进和重构提供参考，促进课程改革顺利渡过深水区和转型期，为基础教育课程改革提供可持续发展的理论基础。通过对基础教育课程改革政策落实情况的具体调查，摸清中小学一线课程改革的真实情况，为进一步推动基础教育课程改革提供现实依据。

（一）大数据思维方式的特性及对基础教育的影响

大数据（big data）概念源于最早经历信息爆炸的学科，用于描述目标数据量的规模远远超出了一般计算机处理能力的情形。在众多领域都面临爆发式数据增长的今天，数据处理技术和工具随之蓬勃发展，可以批量处理或分析大量数据集，同时极大地提高了处理数据的速度。美国互联网数据中心将大数据定义为通过高速捕捉、发现/分析，从大容量数据中获取价值的一种新的技术架构。大数据可以概括为四个英文字母“V”，即更大的容量（volume）、更高的多样性（variety）、更快的生成速度（velocity）及由前面三个“V”的组合推动的第四个因素——价值（value）。

从对大数据时代思维方式结构的表述中，可以得出敏捷性、开放性、前瞻性和个性化是大数据时代思维方式的代表特征。“大数据”是十分流行的热点关键词，有学者指出，大数据时代的到来，让所有社会科学领域能够借由前沿技术的发展从宏观群体走向微观个体，让跟踪每一个人的数据成为了可能，从而让研究“人性”成为了可能。对于教育研究者来说，将比任何时候都更接近“真正”的学生①。也有学者认为大数据技术将渗透到教育的核心环节，重构教育的评价方式，革新教育者的教学思维，为教育发展增加预测性判断，影响学校教育的模式②。邵光华和卢萍以中国人民大学报刊复印资料《中小学教育》转载论文为样本，透视当前基础教育研究热点，发现基础教育研究重点关注了教育均衡、异地高考、大数据、高中多样化发展、教师专业发展、课程改革反思、教学探讨等目前的热点问题③。

如果说大数据把全球卷入了一个以数据、数据分析与预测为特征的时代，那么，翻转课堂、MOOC（Massive Open Online Course，大规模开放在线课程）、微课程则是大数据时代在教育领域引发变革的体现，它给信息化教学提供了新的平台，其资源观、教学观、学生发展观等都将发生新变化。翻转课堂创造了人性化学习方式。学生在家观看教学视频，可以根据个人需要制定一个自定进度的学习计划，即按照自己的节奏、步骤、速度或方式，随意地暂停、倒退、重复和快进。如果忘记了较长时间之前学习的内容，还可以通过观看视频获得重温。萨尔曼·汗发现，那些在某个或某些概念上多用一点点额外时间的孩子，一旦理解了概念，就会很快进步④。

翻转课堂、MOOC和微课程是大数据给教育带来的第一好处和新的挑战，翻转课堂和微课程具有信息化教学前移的显著特征，是大数据时代的信息化教学在基础教育领域的创新，使传统的以教师为核心学习资源向以教师资源网络资源等多资源转型，使传统的以教师讲授为核心的教学方式向以学生自主学习、教学方式学习方式并举转型，从而引发资源观、教学观和学生发展观的新变革，学生的

---

① 张韫. 大数据改变教育——写在大数据元年来临之际[J]. 上海教育，2013，(10)：29-32.

② 喻长志. 大数据时代教育的可能转向[J]. 江淮论坛，2013，260(4)：188-192.

③ 邵光华，卢萍. 我国基础教育研究热点透视与趋势展望[J]. 宁波大学学报（教育科学版），2014，(6)：50-55.

④ 金陵. 中美“翻转课堂”比较及其思考[A]//徐福荫，黄慕雄. 教育技术协同创新与多元发展. 北京：北京邮电大学出版社，2013：58-63.

学习更加灵活、方便，只要有较高的时间管理技能就能够管理好时间，使学习任务在愉悦中完成。

因此，师生自主管理时间成为可能和现实，解决了教学方式、学习方式不适应当下教育综合改革的问题，可以促进基础教育课程的深层次改革，帮助我们渡过基础教育课程改革的深水区。

可以说大数据挑战了传统的课程理论和教育改革基础，随着基础教育课程改革的推进和改革中暴露出的一些问题，人们开始反思，对基础教育课程改革提出了不少的修正和质疑。

国外有关课程改革的专著有：《课程与教师》（佐藤学著，教育科学出版社）、《学习的快乐：走向对话》（佐藤学著，教育科学出版社）、《走出教育改革的误区》（藤田英典著，人民教育出版社）、《现代日本教育课程改革》（水原克敏著，教育科学出版社）、《教育改革：批判和后结构主义的视角》（斯蒂芬·J.鲍尔著，华东师范大学出版社）等。

法国教育界寻求课程内容和学习方法的一体化，探索课程整合之路。在法国新颁布的学科教学大纲中，增加了跨学科的探究式课程，如“发现之路”“跨学科学习”“框架式个人学习”等，是法国21世纪课程改革的重要特点。

美国也在探索基础教育教学整合工作，《2009年美国复苏与再投资法案》指出，要成立“以技术推动教育”基金，主要目的就是通过信息技术在公立学校中的广泛应用，提高所有学生的学业成就，并使所有学生在8年级结束时具备良好的信息技术素养。

2011年开始，日本小学生6年的总课时达到5645节（每节课45分钟），比此前的5367节增长了5.2%。初中生3年的总课时达到3045节（每节课50分钟），比此前的2940节增长了3.6%。作为“宽松教育”代表的综合课将被缩减课时，而日语、数学、外语、科学和社会课的课时将增加10%。科学和数学的课时更是分别增加了33%和22%。同时，课程内容增加，教材变得更厚。

英国政府也提高了教学质量要求标准和对达标情况的督查力度。截至2008年6月，有634所中学没有达到教学质量要求的最低标准。英国中小学生的数学、历史和地理知识等明显没有中国、日本、韩国等亚洲国家的学生丰富。2007年，英国公布了新一轮的国家课程，对12门核心课程和基础课程都进行了修订。2010年英国联合政府教育部发表的《教学的重要性：学校白皮书2010》中，也对国家课程的改革进行了相关的说明，强调国家课程重视的是基础知识和基本技能的掌握。

法国教育部于2011年初开始实施“中小学创新与成功计划”。调整后的评估不但要及时掌握学生学习新课程的现实情况，还要对学生每年的学习成绩进行分析。

国内关于新课程改革的反思性研究及相关文献，最引人注目的是针对新课程改革进行的几场大讨论：关于“知识”的论争、关于“新课程改革的理论基础是什么”的论争、关于“新课程改革的大方向是否正确”的论争、关于“新课程改革是否脱离中国国情”的论争等，诸多学者都参与到了此次大讨论中，这场基础教育课程改革大讨论反映了教育的现实与理想教育的传统与现代等诸多矛盾。

2011～2012年《教育科学研究》连续刊发了首都师范大学物理系邢红军教授的一论、再论、三论“中国基础教育课程改革：方向迷失的危险之旅”，他以物理学、教育学、心理学为背景，对课程改革的教学方式、课程内容等诸多方面展开了论述，引起了国内学者的关注与质疑。他认为，①我国基础教育课程改革的指导理论、教学方式、教学内容、训练形式及研究行为偏离了基础教育的正确方向，均存在需要认真反思的问题[①]。②遵循教育的基本规律与严肃的学术规范，再次从课程改革的教学走向、国情反思、理论基础、课程目标、能力培养和教学评价等方面，对我国基础教育课程改革进行认真检讨与深刻反思，并得出结论：我国基础教育课程改革在上述诸方面均存在严重问题[②]。③从基础教育课程改革的国内比较、因材施教、思维训练、教材编写、讲授教学、教师教育等方面，对我国基础教育课程改革进行认真检讨与深刻反思，并得出结论：我国基础教育课程改革已经成为一个方向迷失的危险之旅[③]，已经进行了十余年的新课程改革依然存在很多尚未解决的问题。当前的课程改革研究大多关注于具体学科或某一层面，也有学者从文化、宗教、城乡差别的角度做过一些研究，但是这些研究都还不够系统，课程改革本身就是一个复杂的系统。因此，本书试图从大数据思维视角，用整合的思维围绕“学生”这个整体去思考基础教育课程改革，改变改革的微观性和单一性，深入实践来探寻解决问题的思路与对策。

（二）研究的路径与方法

本书从促进我国基础教育课程改革实践可持续发展的需要出发，采用质和量

① 邢红军. 中国基础教育课程改革：方向迷失的危险之旅[J]. 教育科学研究，2011，(4)：5-21.
② 邢红军. 再论中国基础教育课程改革：方向迷失的危险之旅[J]. 教育科学研究，2011，(10)：5-22.
③ 邢红军. 三论中国基础教育课程改革：方向迷失的危险之旅[J]. 教育科学研究，2012，(10)：5-23.

的研究结合的方针，在现状调研的基础上，借鉴国外基础教育课程改革的经验与成果，采用“现状调查”（网络平台监测、实地调查、问卷调查）—“问题呈现”—“原因探讨”—“反思与策略建构”的技术路线。

为此，本书除了采用问卷调查、访谈等调研方法外，还使用网络监控和测评技术，了解目前我国基础教育课程改革策略在中小学的具体实施现状与问题；综合使用文献研究法、比较法等对国内外基础教育课程改革发展趋势进行比较研究；然后在已有研究成果基础上，综合地使用文献研究法、反思建构法等，从大数据思维视角审视和反思我国的基础教育课程改革，并提供促进基础教育课程改革可持续发展的可行性策略。

调查法采用了“大数据研究手段”——金数据软件和佰思问卷调查软件。

使用大数据技术，深入中小学一线，调查基础教育课程改革实施的真实情况，力争掌握全貌，能够重点剖析，找到存在的问题及产生问题的主客观原因；基于大数据思维视角，探讨促进基础教育课程改革国家政策全面落地的策略；探索如何将课程改革升华为人才培养体系的构建，形成以培养学生核心能力为主线的基础教育“人才培养体系”模型。

本书既对基础教育课程改革进行理论分析，又在已有理论的指导下对现实进行了分析比较，探讨了新课程改革中一些带有普遍性问题的解决策略。

本书涉及的主要研究内容有：基础教育课程改革政策在中小学落实情况的“海量”数据调查，选择全国有代表性的省市中小学课程改革进行“从实求是”的调查；发达国家基础教育课程改革的文献研究；从大数据思维视角切入，对基础教育课程改革的理论研究；以培养学生核心能力为主线的基础教育“人才培养体系”模型及实现的路径、思路和策略。

本书撰写过程中，在研究方法上有以下特点：对基础教育课程改革实践现状的研究是通过调查“海量”数据，不算简单的“平均数”，不做“数学游戏”，力争“点面结合”，掌握全貌的研究方法。在现状研究的基础上，从大数据思维的视角反思我国的基础教育课程改革，探索能够使中小学一线，特别是教师群体自觉参与基础教育课程改革的策略和措施。努力解决课程改革与目前现行的人事政策、教育管理政策、传统的思维习惯产生的冲突。

通过研究得出，基础教育改革已经进入深水区和新阶段，不是单一课程改革就能够奏效的。因此，需要直接从教育系统、课程改革本身出发，通过调查、经验观察及理论建构，探索其内含的深层复杂性，防止出现“两张皮”现象，要尽力做到真正基于大数据思维视角反思新课程改革，实现人才培养的目标。

本书力求转换思维方式，从“简单”走向“复杂”，以大数据思维视角从整体上去思考基础教育课程改革，运用整合、复杂思维方式认识、定位和调整新课程改革，尝试探索新课程改革的完善策略，使其得以可持续发展。

本书的核心目的不是就基础教育课程改革谈改革，而是探索如何改变目前基础教育不适应时代变化这个现状：从被动适应大数据升华为主动运用大数据；探索解决中小学教师不想改、不能改、不会改的问题。

（1）课程改革的理念、思路完全正确，得到广大教师和社会的认可，但是贯彻、执行还不平衡，已经进入到改革的深水区和转折期。启动于2001年的第八次基础教育课程改革，是中华人民共和国成立以来教育领域最为广泛和深刻的变革；是深入实施科教兴国战略，迎接激烈国际竞争的挑战，实现“面向现代化、面向世界、面向未来”的战略要求；是培养21世纪符合素质教育要求和时代精神的合格人才，构建具有中国特色的基础教育课程体系的必然选择。但是，各地发展不平衡，城乡差别、发达地区和欠发达地区差别仍然存在，广大农村还存在“盲区”，此项改革已经进入深水区。认真总结十多年来的课程改革的成效和经验，深刻分析其中的问题和挑战，提出切实可行的对策建议，对进一步推进基础教育课程改革意义重大。

（2）需要用互联网思维重新思考基础教育的课程改革，确保可持续发展。通过跨界思维、整合思维等，在全面实施新课程的背景下，以科学的方法探寻新课程改革面临的困惑和问题，并以建设性的态度探索解决方案，有助于新课程更符合我国实际，更具合理性和可行性并显现更大的教育价值，有助于全方位地开发基础教育新课程，促进学校教育质量的提高，真正实现“全面推进素质教育”的目标和“为了每位学生的发展”的教育理念。

（3）倡导围绕学生“核心素养”，突出“达标＋特长”的课程设计理念，增强基础教育课程理论的中国话语权。

（4）基础教育课程改革的路径有以下几个方面。核心素养的培养，基础教育课程改革理念的逻辑起点；可持续发展，基础教育课程改革的时代命题；从实求知，基础教育课程改革的基本方法论；真正落实，基础教育课程改革的可持续发展的必然选项。

第一章　历史与现代有惊人相似之处
——基础教育课程改革的百年回顾与分析

从中国教育史可以了解到，有文献记载的教育可追溯到舜所设庠，发展至今已经有数千年的历史。汉代以后以儒家文化为主导，清末之前，虽然学校教育有所变化，但都是以科举制度为核心，倡导“八股文”。一直到1898年戊戌变法，引入了西方近代教育，真正的“教育革命”才初现端倪。从此基础教育的课程改革就与政治、经济和社会发展密切联系起来了。

一、我国基础教育课程改革的历史回顾

（一）洋务运动引发的基础教育课程改革

经过两次鸦片战争的失败，以及太平天国的打击，清朝的一部分官僚开始认识到西方坚船利炮的威力。为了解除内忧外患，实现富国强兵，以维护清朝统治，一部分人开始学习西方文化及先进的技术，他们被称为“洋务派”。在此之前一些学者就提出了学习西方国家的优点以增强国力，例如，魏源在《海国图志》中主张“师夷长技以制夷”[①]，冯桂芬在《校邠庐抗议》中主张“以中国之伦常名教为原本，辅以诸国富强之术”[②]。

第二次鸦片战争结束后，清朝呈现了暂时“稳定”的局面，即所谓“外部和好”“内部和平”。但是在清朝统治集团中，一些头脑比较清楚的当权者，如曾国藩、李鸿章、左宗棠，以及在中枢执掌大权的恭亲王等，并没有因为这种暂时稳定局面的出现而减少他们对清政府统治的危机感，他们亲眼看到了外国侵略者坚船利炮的巨大威力，从而感受到一种潜在的长远威胁。面临中国数千年教育未有之变局，他们继承了魏源等“经事派”提出的“师夷长技”的思想，并极力将

① 宋群豹.“师夷长技以制夷”——中国近代教育理念与传统文化琐议旅[J]. 管子学刊，2005，(4)：114-115.
② 何云鹏. 冯桂芬变法思想刍议[J]. 长白学刊，2010，(6)：107-109.

这种思想付诸实践以达到他们“师夷长技以自强”的目的。

当然，他们有这样的改革思想是受时代背景影响的。从国际背景看，自13世纪开始，世界的大环境开始发生变化，农民和手工业者经过长期劳动，积累经验，改进了生产工具，农业得到发展，纺织、冶金等领域开始出现机器，西方资本主义开始萌芽，改变了人与人的关系，分化出各种不同的阶层。在新航路的开辟、文艺复兴、宗教改革运动、资产阶级革命、产业革命的推动下，至洋务运动发生时，资本主义世界体系已初步完成，人类进入了一个新时期，这也是历史发展的必然。这个新时期的主要特点就是整体化和近代化。从国内形势看，1861年辛酉政变以后，与原有保守势力有冲突的慈禧登上了统治舞台的中心。为了能够稳固统治地位，她对洋务派采取了扶植的政策，洋务派登上清朝的政治舞台后，大规模引进西方先进的科学技术，兴办近代化军事工业和民用企业，中国的近代化运动迅速开展起来。洋务派采用西方先进生产技术，创办了一批近代军事工业。在李鸿章等的主持下，江南机器制造总局、金陵制造局、福州船政局、天津机器局等一批大型近代化军事工业相继问世。短短几年中，中国就已经具备了铸铁、炼钢及机器生产各种军工产品的能力，产品包括大炮、枪械、弹药、水雷等新式武器，以及蒸汽轮船，装备了一些军队。他们还开办了天津北洋水师学堂、广州鱼雷学堂、威海水师学堂、南洋水师学堂、旅顺鱼雷学堂、江南陆师学堂、上海操炮学堂等一批军事学校。以后，中国近代矿业、电报业、邮政、铁路等行业相继出现。轻工业也在洋务运动期间得到大力发展。1880年，左宗棠创办的兰州机器织呢局开工，成为中国近代纺织工业的鼻祖。

在发展实体经济的时候，必然需要大量的现代科技人才，也就是“掌握西学”的人才，因此出现了“中学为体，西学为用”这一提法。最先提出“中学为体，西学为用”这一思想的是洋务派思想家冯桂芬。他于1861年在《校邠庐抗议》一书中说：“以中国之伦常名数为原本，辅以诸国富强之术。”①他以“本”“辅”的主从关系来处理中学与西学的关系。由于“中学为体，西学为用”这一口号非常简洁、契合地反映了当时中国人的一般思想倾向，甚至可以说，在当时西方资本主义侵略者以先进的西学作为侵略中国的手段的情况下，这个口号是一面爱国的旗帜。因此，它在中国的大地上，风行数十年不衰。新老洋务派思想家，不断高举这面旗帜，并不断地阐发这一口号的内容。

在洋务运动存续的35年里，文化出版事业的发展达到了一个前所未有的水

① 何云鹏. 冯桂芬变法思想刍议[J]. 长白学刊，2010，(6)：107-109.

平。京师同文馆、上海广方言馆及江南机器制造总局的翻译馆，是当时翻译西方书籍的几大中心。译书经历了由单纯的西方科技著作和书籍，向自然科学和社会科学、人文科学等著作并重，甚至后者略占上风的过程。京师同文馆曾翻译西方著作 36 种。其中具代表性的有：中国第一部国际法中译本——惠顿的《万国公法》（1864 年）；第一部外交学中译本——查尔斯·马顿斯的《星轺指掌》（1876 年）；第一部经济学中译本——福赛特（Fawcett）的《富国策》（1860 年）。江南机器制造总局翻译馆是晚清翻译西方著作数量最多、成绩最卓著的机构，它汇聚了众多的学者译家和一些外籍传教士的著作。

社会环境促进教育变革。洋务派翻译大量书籍保证了教育变革，因此形成了洋务派主张的“新教育”，提出了“中学为体，西学为用”的教育观，开办洋学堂，派遣留学生；增设外语、算术、化学、天文、医学、物理、万国公法、航海测量、代数、微积分等新课程；引进西方的教学管理制度，采用了新的教学方式和手段①。

1903 年，清政府公布《奏定学堂章程》，第一次确定了“五四五制”学制，初小五年，增设修身、读经、国学、算术、几何、体操等课程；高小四年，增加图画、手工等课程；中学五年，开设外语、法律和理财等课程。

京师大学堂开办之初，就制定了《奏议京师大学堂章程》。这是京师大学堂的第一个章程，但它是戊戌变法的产物，出自维新派梁启超和康有为之手。慈禧害怕维新变法思想影响京师大学堂，因此，她要求张百熙重新拟定一个新章程来加以取代。张百熙经过半年多“谨上溯古制，参考列邦”的反复修订，终于在 1902 年 8 月 15 日上奏所拟章程，贯彻了“端正趋向，造就通才，明体达用”的旨意，含有大学堂及考选入学、高等学堂、中等学堂、小学堂、蒙学堂的六个章程，共 8 章 84 节（因为京师大学堂自成立之日起就含统管全国教育的任务，直到 1904 年 2 月才另立相当于教育部的“学务”专管全国的教育工作）。慈禧钦准颁行。这是经她本人钦定的，所以叫《钦定京师大学堂章程》。由于该年为壬寅年，所以该章程又叫“壬寅学制”。这是京师大学堂的第二个章程。这个章程首次较全面地反映了我国近代教育史上关于新式学堂的较完整的体系。“壬寅学制”虽已公布，但没有施行。于是，张百熙会同张之洞、荣庆二人共同历经半年之久，七易其稿、反复修订，于 1904 年 1 月 13 日上奏所拟初等小学堂、高等小学堂、中学堂、高等学堂、大学堂附通儒院、初级师范学堂、优级师范学堂、任用教员、初等农工

① 杨益茂. 洋务运动时期的新式教育[J]. 北京社会科学，1996，(1)：108-118.

商实业学堂（附实业补习普通学堂及艺徒学堂）、中等农工商实业学堂、高等农工商实业学堂、实业教员讲习所的 10 个章程，实业学堂、各学堂管理的两个通则，以及学务的一个纲要，共 7 章 72 节。这是大学堂的第三个章程，称为《奏定学堂章程》。由于该年为癸卯年，所以该章程又叫“癸卯学制”。这个章程对学校系统、课程设置、学校管理都作了具体规定。它不仅使大学堂办学逐步走向正规，而且改变了原有的官学、私学、书院等旧形式，为我国实行现代的新式学制开了先河。它一直沿用到清朝终结的 1911 年，对后世影响较大[①]。

1904 年，清政府在张之洞等的主持下颁行了《奏定学堂章程》，这是中国历史上第一个正式颁布且在全国普及的学制，它的颁布及随后所施行的一系列措施产生的影响十分深远，奠定了中国现代教育的基础，打破了儒家经典一统天下的局面，建立了统一的教育行政体系，并为结束科举制创造了条件，等等。

研究《奏定学堂章程》这份历史文献，对构建我国现代的基础教育课程理论还是有帮助的。也可以这样说，课程理论必须基于自己的民族文化，简单地照抄照搬西方的理论，对课程改革的落实都是不利的。

（二）中华民国基础教育改革

1911 年至 1912 年初（清宣统三年，农历辛亥年），中国发生旨在推翻清朝专制帝制、建立共和政体的全国性革命，史称辛亥革命。狭义的辛亥革命是指自 1911 年 10 月 10 日（农历八月十九）夜武昌起义爆发，至 1912 年元旦孙中山就职中华民国临时大总统前后这一段时间中国所发生的革命事件。辛亥革命是近代中国比较完整意义上的资产阶级民主革命。它在政治上、思想上给中国人民带来了不可低估的解放作用，革命使民主共和的观念深入人心。1911 年辛亥革命后，以孙中山为首的南京临时政府，对教育开始了一系列适应资产阶级需要的改革。关于学校的系统问题，教育部曾规定了一个学校体系，并附有 9 条说明，于 1912 年 9 月公布，称为“壬子学制”。自该新学制公布至 1913 年 8 月，又陆续颁布了各种学校规程，对新学制有所补充和修改，于是又总合成一个更加完整的学制系统，即“壬子癸丑学制”。该学制第一次废除科举考试制度，开设历史、地理、农业、缝纫、唱歌等课程，并给予女子受教育的权利。“壬子癸丑学制”规定：初等小学校（4 年）为义务教育，毕业后得入高等小学校（3 年）或乙种实业学校（3 年）。

---

① 李国钧，王炳照. 中国教育制度通史[M]. 济南：山东教育出版社，2000；白新良. 中国古代书院发展史[M]. 天津：天津大学出版社，1995.

在高等小学校毕业后得入中学校（<4 年）、师范学校（本科 4 年、预科 1 年）或甲种实业学校（3 年）。在中学校毕业后得入大学（本科 3～4 年，预科 3 年）、专门学校（本科 3～4 年，预科 1 年）或高等师范学校（本科 3 年，预科 1 年）。全部教育年限为 18 年，6 岁入学。该学制参照日本明治维新后新学制拟定，施行到 1922 年，废除了教育上的两性差别和满清贵胄学堂。该学制还规定：小学教育以留意儿童身心之发育，培养国民道德之基础，并授以生活所必需之知识技能为宗旨；中学校以完成普通教育，健全国民为宗旨；取消了清末的文实（理）分科制度。该学制改学堂为学校，废除了尊孔读经，取消了进士出身奖励，确定了妇女的受教育权利和男女同校制度，同时筹办各级女子学校。在推行新学制的同时，教育部于 1912 年 9、10 月先后颁布了《小学校令》《中学校令》《专门学校令》《大学令》《师范教育令》，1913 年 8 月颁布《实业学校令》，对各级各类学校的目的任务、课程设置、学校设备、入学条件、教职员任用、经费及领导管理都作了具体规定。

“壬子癸丑学制”在课程设置上进行了非常彻底的革命。初等小学校设修身、国文、算术、手工、图画、唱歌、体操，女子加设缝纫。高等小学校设修身、国文、算术、本国历史、地理、理科、手工、图画、唱歌、体操，男子加设农业，女子加设缝纫，并视地方情形加设英语或其他外国语。中学课程为修身、国文、外国语、历史、地理、数学、博物、物理、化学、法制经济、图画、手工、乐歌、体操，女子中学加课家事、园艺、缝纫。外国语以英语为主，根据地方条件可任意选择法语、德语、俄语之一种。

1922 年 11 月 1 日，国民政府以大总统令公布了《学校系统改革案》。这就是 1922 年的新学制，或称“壬戌学制”。1923 年，国民政府公布“新学制体系”，第一次将中国学制定位于美式“六三三”学制，在小学开设的课程有国语、社会、自然、艺术、算术、体育、音乐、园艺、工艺等；初中在小学基础上增设外国语和生理卫生，破天荒地实行学分制。新学制把学校目标定位为 7 条标准：适应社会进化需要；发扬平民教育精神；谋个性之发展；注意国民经济实力；注意生活教育；使教育易于普及；多留各地伸缩余地。

新学制具有以下特点：①根据学龄儿童的身心发展规律，划分教育阶段；“六三三”学制中各教育阶段基本上是依据我国青少年身心发展特点来划分的，这在我国近代史上是第一次。②初等阶段教育趋于合理，更加务实。③中等教育是改制的核心。④新学制增加了职业教育（其中最显著的特点是兼顾升学和就业）。

⑤师范教育方面种类增多，程度提高。⑥高等教育阶段缩短年限，取消大学预科。

这个看似完美的改革，实行效果并不好，原因就是脱离中国实际，照搬了美国的模式。

1927年，南京国民政府成立后，把在广州国民政府时期小试牛刀的党化教育政策迅速推向其所有统辖范围。这一政策最直接地体现在党义课程的增设上面。1928年7月30日，南京国民政府公布《各级学校增加党义课程暂行通则》，规定大、中、小学“须一律按本条例之规定增加党义课程”，“各级学校党义课程之教授时间，每周至少以两小时为限”[①]。课堂之外，校园生活中“党”的影子也越来越多、越来越长，校园日渐“党化”。当然，南京国民政府虽然是国民党一党执政，媒体却多元开放，师生能轻易接触到不同于国民党意识形态的话语体系。这种多元化还表现在反“党化”力量的多样化存在。反“党化”者，既有掌握大量教学资源的自由主义学人，也有国家主义派，还有拥有外国背景的基督教会，最有力的挑战者是中国共产党。中国共产党除了通过媒介发出声音，还通过自身的组织力量，以实际行动挑战国民党的意识形态的独尊地位。此外，“党化”校园政策的制定、实施者是国民党的训练系统，已有学者指出，国民党是“弱势独裁政党”[②]。后期的基础教育没有改革甚至可以说没有什么作为。

（三）新民主主义革命时期革命根据地的学校课程设置

1939年，毛泽东在《中国革命和中国共产党》一文中，首次明确提出了“新民主主义革命”这个科学概念，从理论和实践的结合上对新民主主义革命的对象、任务、性质、动力和前途等问题作了全面而深刻的论述，并把新民主主义革命概括为“无产阶级领导之下的人民大众的反帝反封建的革命”[③]。1948年，毛泽东《在晋绥干部会议上的讲话》中第一次全面、系统地提出了新民主主义革命的总路线和总政策，即“无产阶级领导的，人民大众的，反对帝国主义、封建主义和官僚资本主义的革命”[④]。这是新民主主义革命总路线完整的科学表述。这条总路线包含以下方面的内容。一是革命的目标。新民主主义革命的直接目标是改变买办的封建的生产关系及腐朽的政治上层建筑。它的根本目标是解放和发展生产力。

---

① 中国第二历史档案馆. 中国国民党中央执行委员会常务委员会会议录(20)[M]. 桂林：广西师范大学出版社，2000：375.

② 王奇生. 党员、党权与党争：1924—1949年中国国民党的组织形态[M]. 上海：上海书店出版社，2003.

③ 毛泽东. 中国革命和中国共产党[M]. 北京：人民出版社，1952.

④ 毛泽东. 在晋绥干部会议上的讲话[M]. 北京：人民出版社，1976.

二是革命的对象。新民主主义革命的对象是帝国主义、封建主义、官僚资本主义。三是革命的动力。新民主主义革命的动力包括工人、农民、小资产阶级和民族资产阶级。四是领导力量。新民主主义革命必须由无产阶级及其政党——中国共产党领导。五是革命的具体步骤。基于近代中国半殖民地半封建的社会性质，中国革命必须分两步走：第一步，改变半殖民地半封建的社会形态，使中国成为一个独立的新民主主义国家；第二步，使革命向前发展，建立一个社会主义社会。

为什么叫新民主主义革命呢？所谓“新”，是相对于17～18世纪欧美国家发生的资产阶级领导的，旨在推翻封建专制主义压迫，确立资产阶级统治的旧民主主义革命。总的来说“新”的主要含义包括：新的指导思想（马克思主义），新的革命政党（中国共产党），新的领导阶级（无产阶级），新的革命理想（社会主义）。新式的特殊的资产阶级民主主义革命，必须拥有一个新的救国阵营，有一场新的、来自人民群众的民主革命，这样，由无产阶级领导的新民主主义革命开始了。

之所以强调“新”，是由中国国情和世界环境决定的。

1840年鸦片战争前，中国是一个独立的封建国家，随着封建社会内部商品经济的产生和发展，资本主义已经萌芽。鸦片战争后，帝国主义的不断入侵，改变了中国社会发展的轨道，使社会性质发生了两个根本性的变化：独立的中国逐步沦为半殖民地的中国，封建的中国逐步变成半封建的中国。中国社会的半殖民地半封建化，是随着帝国主义发动侵略战争和迫使清政府签订一系列不平等条约逐步形成的。一方面，帝国主义列强通过政治的、经济的和文化的手段，使中国在很大程度上半殖民地化。另一方面，帝国主义的侵略虽然在一定程度上加速了封建社会自给自足的自然经济的解体，客观上为中国资本主义的发展创造了一定条件，但并没有使中国发展成为资本主义国家。这是因为封建制度的根基——地主阶级对农民的剥削依旧存在，而且同买办资本和高利贷资本的剥削结合在一起，在中国社会经济生活中，占据着明显的优势。又因为中国民族资本有先天的不足，民族资本中商业资本和金融资本占了很大部分，工业的比重不高，它所经营的主要是轻工业，缺乏重工业的基础，不能构成完整的工业体系，在技术和设备等方面，不得不依赖于外国资本和本国官僚资本。帝国主义与中国封建势力、官僚资本相勾结，利用其政治、经济特权和其他方面的优势，极力阻止和排挤中国民族资本主义经济。

中国资产阶级民主革命，自从1914年爆发第一次世界大战和1917年俄国十月革命以后，有了一个新的变化。1919年“五四”运动之后，中国无产阶级开始以独立的政治力量登上历史舞台，由自在阶级转变为自为阶级。为了挽救空前深重的民族危机和社会危机，中国人民曾经进行过多次不屈不挠的英勇斗争，无数仁人志士苦苦探索救国救民的道路。这些斗争和探索，每一次都对推动中国社会走向进步产生了一定的影响，但每一次都摆脱不了失败的命运。事实证明，不触动封建根基的自强运动和改良主义，旧式的农民战争、资产阶级革命派领导的民主革命，都不能为中国找到真正的出路。

从国际环境看，俄国十月革命改变了整个世界历史的方向，划分了整个世界历史的时代，世界已进入了帝国主义和无产阶级革命的时代。这就使中国革命有了新的国际环境。这是转变的时代条件。

因此，重视教育虽然不是“当务之急”，但是也必须纳入议事日程当中。中国共产党一开始就认识到了教育的重要性，抓住了教育这个问题。

在20世纪30年代中期，江西中央革命根据地的红色政权就颁布过《小学课程教学大纲》，规定根据地的列宁小学分初高两级，分别为三年和两年，初级小学开设国语、算术、游艺、劳作、社会工作等课程，高级小学增设社会常识和科学常识课程。20世纪40年代中期，陕甘宁边区政府以“为革命战争服务”为宗旨，规定中学课程包括边区建设、政治常识、国文、史地、自然、生产、医药常识等，突出了鲜明的革命性、科学性、实用性特点。

有的学者把上述三大问题划归6次改革，笔者在研究过程中借鉴了这一划分，但是没有遵从6个阶段。

（四）中华人民共和国成立后基础教育课程的八次革新

1.1949～1952年自上而下的改革

中华人民共和国成立后，收回了教育主权，对以前遗留下来的各类教育问题进行了彻底的改造。1949年12月教育部召开第一次全国教育工作会议，会议提出了教育改革的基本方针“以老解放区新教育经验为基础，吸收旧教育有用经验，借助苏联经验，建设新民主主义教育”。这次改革是教育部门自上而下进行的，实行对旧课程的改造，初步确立了我国中小学新课程体系，形成了全国统一教学计划、统一教学大纲与统一教科书的“大一统”课程模式。具体改革过程如下：1950年8月教育部颁发《中学暂行教学计划（草案）》，这是中华人民共和国成立后的第一个教学计划；同年 9 月，在全国出版会议上提出中小学教材必须全国统一供应的方针；同年 12 月，成立人民教育出版社，承担编写国家统一教材的任务，于 1951 年出版了第一套全国通用中小学教材。1951 年 3 月教育部召开第一次全国中等教育会议，通过了普通中学各科课程标准（草案）和中学规程，提出目前普通中学的教学计划必须全国统一，课程科目和每科教学内容必须制定统一的标准。同年 10 月，政务院颁发了《中央人民政府政务院关于改革学制的决定》，重新规定了中小学的学制，规定小学实行五年一贯制，取消初高两级分段制，中学修业年限为六年，分初高两级，各三年。根据学制的要求，1952 年 3 月教育部颁发了《中学暂行规程（草案）》和《小学暂行规程（草案）》，这是中华人民共和国成立后颁发的首批全面规范中小学课程的政府文件。这一时期的课程改革呈现的特点是：强调全国统一，致使课程结构单一，只设必修课，不设选修课；注意根据中小学培养目标来考虑学科设置；课程内容方面，注意科学性和思想性的有机结合；模仿苏联的痕迹明显，某些课程在一定程度上脱离了中国实际。

2. 1953～1956 年系统谋划教学改革

1953 年 12 月，《中央人民政府政务院关于整顿和改进小学教育的指示》提出：今后几年内小学教育应在整顿巩固的基础上，有计划、有重点地发展，小学工作和学习应由教育部门统一领导布置。1954 年 4 月，《中央人民政府政务院关于改进和发展中学教育的指示》明确指出：“为提高教育质量，中央教育部应根据国家过渡时期的总任务和中学教育的目的，……有计划地修订中学教学计划，修订教学大纲和教科书，并为教师编辑一套教学指导用书，这是目前提高学校教育质量的一项最基本的工作。”这两个文件为课程改革提供了指导和依据。根据教学计划，教育部于 1956 年颁发了中华人民共和国成立以来全国第一套比较齐全的教学大纲：中小学各科教学大纲（修订草案）。

随着社会主义三大改造的基本完成，国家于 1956 年基本确定了社会主义制度，且“一五”计划提前完成，这一轮课程改革也于 1957 年初结束。这一时期的课程改革存在的问题是：初步形成了比较全面的中小学课程体系，但模仿苏联的痕迹仍很深；课程变动过于频繁，教材又跟不上需要，致使教学工作不能完全按照教学计划执行；部分学科间的相互联系和配合不够紧密，课程设置不尽合理。

这期间，国家共颁布了 5 个教学计划，其中在 1953～1955 年颁布的三个计划中，大幅削减了教学时数，首次在教学计划中设置劳动技术教育课。1956 年国家正式发行中华人民共和国成立以来的第二套全国通用中小学教材，这套教材理论性有所加强，特别注意了学生动手能力的培养。

3. 1957～1965 年教育改革大跃进

社会主义制度的基本确立，使国民经济健康发展，国泰民安。1957 年 2 月，毛泽东作了《关于正确处理人民内部矛盾的问题》的报告，提出："我们的教育方针，应该使受教育者在德育、智育、体育几方面都得到发展，成为有社会主义觉悟的有文化的劳动者。"[①]为了更好地贯彻这一教育方针，在教育部的周密部署下，又掀起了课程改革的新浪潮，历经三个阶段。

第一阶段：1957～1958 年的调整。在新方针的指导下，教育部于 1957 年 6 月调整了 1957～1958 学年度中学教学计划，于 1958 年 3 月颁发了 1958～1959 学年度中学教学计划，对中学课程作了调整和变动，加强知识教学与劳动教学相结合及完成中学肩负的"双基"任务。

第二阶段：课程改革大跃进。上一阶段的调整，随着 1958 年 9 月《中共中央、国务院关于教育工作的指示》的发布而毁于一旦。指示指出：必须积极进行技术革命和文化革命。在这种形势下，教育大革命很快进入高潮。1958～1960 年，中小学校贯彻党的教育与生产劳动相结合的方针，实行勤工俭学，兴起课程和教学改革的群众运动，其中课程改革的主题是：缩短学制、精简课程。具体表现在：1960 年，人民教育出版社按照中小学适当缩短学制年限的要求，赶编了第三套全国通用中小学教材，把原来 12 年学完的内容压缩到 10 年完成，供试验 10 年制的学校选用；教育管理权限下放，各地开始自编教材；劳动时间大量增加，正常教学秩序受到冲击；设置甲乙类中学，甲类教学计划要求较高，设置最高限度的科目，乙类教学计划要求低，设置最低限度的科目。

第三阶段：1961～1963 年的调整和反思。面对 1958 年教育大革命给教育事业带来的危害，从 1961 年开始，以"调整、巩固、充实、提高"方针为指导对中小学课程进行改革。1963 年颁发了《全日制中学暂行工作条例（草案）》《全日制小学暂行工作条例（草案）》，对中小学课程的一些重大问题作了原则上的规定；制定了新的教学计划和教学大纲，对中小学课程做了必要的调整；编写了第四套全国通用中小学教材，供 12 年制学校选用，但因种种原因，修改后的教材没

---

① 毛泽东. 关于正确处理人民内部矛盾的问题[M]. 北京：人民出版社，1976.

有在学校正式使用过。

1961～1963 年的调整和反思虽然基本扭转了课程编写和实施中的混乱局面，但仍存在一些问题，如某些地区反映教材内容深、分量重、教材难等。

这一时期的课程改革出现了新的动向：重视学科与育人的作用；首次提出设置选修课；实行了国定制与审定制相结合的教科书制度；重视地方教材、乡土教材的编写。我们必须注意到，这一时期是我国经济发展的重要时期，同时也是“左倾”思想影响萌芽的时期。1958 年“大跃进”引发了教育大革命，大量缩短学制，精简课程，增加劳动，注重思想教育，还出现了多种学制的改革试验，违背教育规律的事情在所难免。1964 年初，毛泽东发表了关于中小学教育的“春节讲话”，提出学制、课程、教学方法都要改，3 月又针对当时学生学习压力过重批示“课程可以砍掉三分之一”。根据毛泽东的指示，1964 年 7 月教育部发出了《关于调整和精简中小学课程的通知》。不久“文化大革命”爆发，使 1961 年调整以来取得的一些成果付之东流。

在此期间有一篇重要文献，就是中共中央、国务院批转教育部临时党组《关于克服中小学学生负担过重现象和提高教学质量的报告》，从这个报告看，应试教育、学生学业负担重不是今天才出现的，这个问题与采用谁的教育理论关系不大，而是由传统文化决定的。在附录里我们附上了全文，方便读者比较研究。

4. 1966～1976 年“文化大革命”时期农村教育普及

1966 年“文化大革命”爆发，全国没有了统一的教育方针，没有了统一的教学计划、教学大纲和教科书，有的只是各地自编的生活式教材，生活、社会、革命构成了全部的课程。

笔者是吉林省人，只能够谈谈当时吉林省的情况（因为查阅其他各地材料均没有找到权威论述，这段历史描述不详）。1969 年 5 月《人民日报》发表吉林省梨树县《农村中小学大纲》（草案）[①]，提出了中小学的领导管理、招生、学制、课程设计等各方面的意见，其中认为，小学应设政治语文、算术、革命文艺、军事体育、劳动五门课；中学设毛泽东思想教育、农业基础、“文革”文艺、军事体育、劳动五门课。1974 年 5 月，复旦大学、同济大学、上海师范大学等分别在安徽、江西、云南、黑龙江等省为部分“上山下乡”知识青年试办函授教育，函授科目分政治语文、农业生产知识、农村卫生三类。此后，农村实用知识在教学

① 吉林省梨树县《农村中小学大纲》（草案）. 人民日报，1969-05-13.

内容中大行其道，如物理课增加“三机一泵”（拖拉机、柴油机、电动机、水泵），化学课增加土壤改良、农药化肥使用，语文课增加应用写作方面的内容（如培养“三员一土”——创作员、故事员、广播员、土记者），基础性的课程却遭到冷落甚至被排除在外。

外行领导内行成为普遍现象，非专业领导的强化造成教育质量下降。“知识分子最无知”“劳动者创造了历史”等几乎成为当时最流行的口号。在城市里“工人毛泽东思想宣传队”进驻学校的同时，农村学校则由“贫管会”（以贫下中农为主，有师生代表参加的“贫下中农管理学校委员会”）管理。让文化素质较低，基本上不懂或不熟悉学校教育工作的领导学校教育，这些极其荒谬的做法造成的最直接的后果便是“读书无用论”的抬头，是对知识和知识分子的轻蔑，是片面强调实用主义，忽视基础，排斥理论或把理论庸俗化。

笔者及同事在档案馆查到 1968 年 11 月《人民日报》发表山东嘉祥县两教师的一封信，信中建议所有（农村）公办小学下放到大队来办，国家不再发工资，改为大队记工分①。由于我国农村经济落后，农民生活贫困，农村小学教师待遇本来就过低，把大量公办小学下放到村，改为民办，这样不仅加重了农民负担，也涣散了小学教师队伍，削弱了对小学的领导与管理。而且，为了促进教师参加生产劳动，许多教师必须在星期天参加生产队的劳动（因为农民没有星期天），这也减少了教师的休息和备课时间。再加上片面强调教师的思想素质，加强教师队伍的纯洁性，其对农村小学教师质量的影响是不言而喻的。

当然，我们也应该注意到，当时提出要建立新型的学校教育体系，在这个政策的引导下，普通中小学教育在农村得到迅速发展。当时的中小学教育得以迅速发展的原因很多，特别是经历“大跃进”后，党和政府对农村政策采取了比较谨慎的态度，因此，在“文化大革命”开始后，经国务院同意，教育部发文指示：县以下中小学的“文化大革命”应纳入“四清”范围，由“四清”工作队领导进行。这在一定程度上克服了无政府主义状况，使农村在“文化大革命”中没有大乱。农村教育也同样，在农村普及中小学教育，首次是普及大学教育，在 1971 年的《全国教育工作会议纪要》中也提出，“大力普及教育，扫除文盲。争取在第四个五年计划期间，农村普及小学教育，有条件的地区，普及七年教育。要采取多种形式办学，把学校办到家门口，让‘农民子女就近上学方便’”。因此，有的学者指出，虽然采取了一些极端的做法，如精简了内容，缩短了学制，结构也

① 山东省吉祥县马集公社两个小学教师的一封信. 人民日报，1968-11-14.

不合理，但在普及教育方面还是迈出了一大步，农村儿童入学率大幅度提高①。

有一些事实，给笔者留下深刻印象。笔者就读的学校（吉林省德惠县万宝公社曾家小学、新立中学），1969～1978年从无间断地悬挂三句毛主席话语：一是好好学习天天向上；二是学生要以学为主兼学别样，不但学文，也要学工、学农、学军，也要批判资产阶级；三是读书是学习，使用也是学习，而且是更重要的学习。虽然考试强度不大，但是每学期还是要考试。多年来学校坚持这样的办学原则：学生要以学习为主，同时要参加农村劳动。也因为这样，一个村级中学的毕业生，第一年参加高考就有考取重点大学的。

5. 1977～1985年拨乱反正的教学改革

1976年中国进入一个新时期，1977年教育战线开始拨乱反正，召开了科学教育工作会议，对课程改革进行了充分的酝酿，以1978年1月教育部颁发《全日制十年制中小学教学计划试行草案》为起点，开始了课程领域内的拨乱反正。具体体现在以下几个方面。

（1）1978年颁布新修订的《全日制小学暂行工作条例试行草案》《全日制中学暂行工作条例试行草案》，对课程设置进行了原则性说明。为配合中小学教学计划草案，教育部颁布了全国统一的教学大纲。同时发布《全日制十年制中小学教学计划试行草案》，统一规定全日制中小学学制十年，其中小学五年、中学五年。

（2）教育部组织“文化大革命”后第一套全国通用中小学教材的编写工作，以人民教育出版社的中小学教材编写人员为基本力量，以“全国中小学教材编写工作会议”的形式，集中编写第五套全国通用的十年制中小学教材。1978年，全日制十年制中小学各科教学大纲同时在全国供应。1980年全套教材基本编写完成。新教材吸取了国际中小学课程改革的经验和教训，进行了教学内容的现代化改革，特别是这套教材清除了“文化大革命”时期出版的教材中的许多谬误，改正了在政治与业务、理论与实践等问题上的一些不适当的处理方法，更重视基础知识的选择，智力的启迪和能力的培养。当时大有“一口吃个胖子”的意思，想在最短的时间里还上10年的“欠债”，课程设置系统复杂，课程内容的特点是“深、难”，也出现了一些重复，但是课程发展已趋于正常化。

进入20世纪80年代后，国内、国际形势发生了巨大的变化，各国的竞争与

① 杜成宪，丁钢. 20世纪中国教育的现代化研究[M]. 上海：上海教育出版社，2004.

国内的主要需求都集中在人才上，教育日益受到重视，同时在1978～1980年的具体实践中，发现1978年颁布的中小学教学计划在课程设置等方面存在一些问题，已跟不上新形势的要求，势必要求在原有基础上推进新一轮课程改革。1981年教育部根据邓小平“要办重点小学、重点中学、重点大学”的指示精神，颁发了《全日制六年制重点中学教学计划（试行草案）》，并修订颁发了五年制小学和中学教学计划。根据新教学计划的要求，人民教育出版社立即组织编写了第六套全国通用中小学教材。1984年教育部颁发了六年制城市小学和农村小学教学计划，针对数学、外语、自然常识、劳动等课程分别提出了不同的要求，同时对教学大纲也进行了重新修订，于1986年颁发了小学、中学各科教学大纲。

6. 1986～1991年义务教育法指导下的课程改革

1986年，《中华人民共和国义务教育法》（以下简称《义务教育法》）出台。《义务教育法》明确了国家实行九年义务教育制度，义务教育是国家统一实施的所有适龄儿童、少年必须接受的教育，是国家必须予以保障的公益性事业。凡年满六周岁的儿童，其父母或者法定监护人应当送其入学接受并完成义务教育；条件不具备的地区的儿童，可以推迟到七周岁。适龄儿童、少年因身体状况需要延缓入学或者休学的，其父母或者其他法定监护人应当提出申请，由当地乡镇人民政府或者县级人民政府的教育行政部门批准。义务教育必须贯彻国家的教育方针，实施素质教育，提高教育质量，使适龄儿童、少年在品德、智力、体质等方面全面发展，为培养有理想、有道德、有文化、有纪律的社会主义建设者和接班人奠定基础。在这个法律框架下，国家教育委员会公布了义务教育教学计划初稿，《人民教育》1986年第12期、《课程·教材·教法》1986年第12期都刊发了全文，主要内容包括四个部分：制定教学计划的原则，适用范围，时间安排和课程设置。在时间安排里强调，小学全年教学时间37周（包括上课、复习、考试，其中上课时间不得少于34周），集体教育活动和机动时间2周，假期13周（包括寒暑假、节日假和农忙假）。初中全年教学时间37周（包括上课34周，期末复习、考试3周），社会活动和机动时间3周，假期12周（包括寒暑假、节日假和农忙假）；最后一学年第二学期增加毕业复习考试2周，上课周数相应减少。小学的集体教育活动和机动时间、初中的社会活动和机动时间用来组织有教育意义的活动，学校可安排固定的活动日，如植树日、扫墓日、参观日、运动会、社会调查、春游、秋游等，初中也可集中劳动，假期确保师生休息，可以组织有益的活动，但不得用于上课。每节课课时，小学一般为 40 分钟，初中一般为 45 分钟。小学一年级一般不留家庭书面作业，二年级每天课外作业量不超过 30 分钟。三、四年级不超过 45 分钟，五、六年级不超过一小时，初中每天不超过一个半小时。切实保证小学生每天睡眠 10 小时，初中学生每天睡眠 9 小时。切实保证学生每天体育活动一小时。

课程设置及说明里强调，在小学阶段开设思想品德、语文、数学、自然、社会、体育、音乐、美术和劳动等课程。思想品德课进行以爱祖国、爱人民、爱劳动、爱科学、爱社会主义为中心的社会公德教育和社会常识教育，从小培育学生良好的思想品德和行为习惯。语文课使学生学会汉语拼音，掌握三千个左右常用汉字，会说普通话，打好听、说、读、写的基础，初步培养观察思维能力并进行思想品德教育。数学课使学生能够掌握整数、小数、分数的最基础知识，正确地、迅速地进行整数、小数和分数的四则运算，学习简单的几何图形和珠算知识，培养初步的逻辑思维能力，并能够运用所学的知识解决一些简单的实际问题。自然课使学生初步认识周围自然界常见的事物和现象，获得基本的自然常识及生理卫生常识，培养学生爱科学、学科学的志趣和初步的观察、动手能力。社会课使学生初步认识常见的社会事物和现象，获得初步的历史、地理等社会生活常识，同时受到爱国主义教育。体育课学习简单的体育知识和体育卫生保健知识，掌握简单的体育运动的基本技能；培养良好的卫生习惯和锻炼身体的习惯，以及朝气蓬勃、勇敢顽强的精神。音乐课学习浅显的音乐基础知识和初步的唱歌技能，培养音乐的感受能力和欣赏能力。低年级音乐课可以和体育课结合开设唱游课，学习简单的歌唱、舞蹈和游戏，培养学生的音乐、舞蹈的兴趣和节奏感。美术课学习浅显的美术基础知识和初步的绘画、手工劳作的基本技能，培养美术的欣赏能力和绘画兴趣。劳动课通过自我服务劳动和一般公益劳动、手工劳动促进学生手脑并用，培养学生的劳动观点和劳动习惯。

在初中阶段开设思想政治、语文、数学、外语、历史、地理、物理、化学、生物、体育、音乐、美术和劳动技术等课程。思想政治课进行道德、民主和法制、纪律教育，进行社会生活、社会发展规律及社会主义建设常识的教育，培养爱国主义思想和社会主义人道主义的道德品质，以及高尚的审美情趣。初步树立社会主义民主、社会主义法制和纪律的观念，对我国社会主义社会的实际情况和发展方向有一个初步的认识，培养学生对社会的责任感。语文课学习现代语文的基础知识，掌握比较丰富的语汇，加强语文基本训练，发展学生的思维能力，提高理解和运用祖国语言和文字的能力，养成说普通话的习惯，以适应学习、工作和生活的需要；学一点文言文；注意培养爱国主义精神，陶冶共产主义情操。数学课学习和掌握代数、平面几何的基础知识，学一点统计知识和立体几何的初步知识，进一步培养学生的运算能力，发展逻辑思维能力，培养解决实际问题的能力。外语课学习英语或俄语、日语等，培养学生拼读和记忆单词的能力，重视在基本语音、语调方面打好基础，能听、说简单的日常用语，能读懂略浅于课本的一般读物，养成良好的书写习惯，为继续学习外语打好初步基础。历史课学习中国历史的基础知识，了解中国历史的重大事件、主要人物和历史发展过程，学习一些世界历史的知识；了解城乡和民族地区，还要学习一些本地、本乡、本民族的历史知识，进行初步的历史唯物主义和爱国主义、国际主义教育。地理课学习中国地理（包括乡土地理）和世界地理的基础知识，以及地球、地图的初步知识，了解一些人与地球环境的关系，初步具有阅读并运用地图和地理图表的能力，同时进行爱国主义和国际主义教育。物理课在观察和实验的基础上使学生初步掌握力学、热学、声学、光学、电学等方面的基础知识，了解它们在实际中的应用，培养学生初步的观察和实验能力。化学课学习化学基本概念和基本定律、物质结构和溶液的初步知识，掌握几种最常见的重要元素、一些无机化合物的基础知识，介绍几种有机化合物，初步了解它们在实际中的应用，培养学生初步的观察和实验能力。生物课学习植物学、动物学、生理卫生的基础知识，使学生了解动、植物的形态结构、生理和分类方面的内容，介绍一些生物的遗传和变异、生物进化和生态的基础常识，以及这些知识在实际中的应用，初步懂得人体各个器官系统的解剖生理，培养学生初步的观察和实验能力。体育课学习体育基础知识和体育卫生保健知识，使学生初步掌握体育运动的基本技能，养成锻炼身体的习惯，促进身体正常发育，提高身体基本活动能力，增强体质，培养学生坚强的意志和良好的道德品质。音乐课学习音乐的基本知识和技能，了解一些国内外的优秀作品，使学生热爱音乐艺术，提高对音乐的感受能力和欣赏能力。美术课学习美术的基础知识，进行绘画技能、技巧的基本训练，学习一点实用美术知识，了解一些国内外的美术作品，使学生热爱美术艺术。劳动技术课学习一些有关的劳动基础知识和基本技能，培养学生的劳动观点、劳动习惯；根据实际情况安排学生参加一些工农业生产劳动、公益劳动和服务性劳动。选修课根据条件和需要，开设职业选修课或文化选修课，发展学生的兴趣和特长。人口教育在思想政治课、地理课、生物课中进行。该方案突出了新型教育方针的具体要求，适当增加了基础学科的教学时数，在教学计划中给课外活动留出固定的足够的空间。

为什么把这一个阶段划为一个时期呢？主要是因为依法设课，是在法律框架下进行的改革设计。

7. 1992～2000年《面向21世纪教育振兴行动计划》的课程改革

从改革内容和实施的角度谈，该段的课程改革和1986～1991年的课程改革区别不大，但是，1992年从国家教育委员会、各高校、各研究机构、各学者，到各期刊都有大的动作。1992年国家教育委员会颁布的《九年义务教育全日制小学、初级中学课程计划（试行）》，首次将“教学计划”更名“课程计划”。将课程表分为“六三制”和“五四制”两种，将全部课程分为两大类：学科类和活动类，课程表中还留有空间让地方安排课程。之后，《人民教育》1992年第9期、《课程·教材·教法》1992年第10期，均以“九年义务教育全日制小学、初级中学课程计划（试行）”为题公布了这个计划；《学科教育》1992年第6期，以“国家教委关于印发《九年义务教育全日制小学、初级中学课程计划（试行）》和二十四个学科教学大纲（试用）的通知”为题公布了该计划。马立在《人民教育》《课程·教材·教法》等发表文章做了关于《九年义务教育全日制小学、初级中学课程计划（试行）》的说明。庄福庆在《课程·教材·教法》1993年第11期发表了《谈谈〈九年义务教育全日制小学、初级中学课程计划（试行）〉若干问题的学习体会》一文。

与此同时，国家教育委员会组织编订各学科教学大纲（初审稿），允许一些地区和单位按大纲初审稿编写教材，在教材试验的基础上，对大纲做修改，形成了24个学科义务教育教学大纲（试用），于1992年颁布。

该计划的课程设置分国家课程和地方课程。根据九年义务教育小学阶段、初中阶段的培养目标和儿童、少年身心发育的规律设置课程。课程包括学科、活动两部分，主要由国家统一安排，也有一部分由地方安排。学科以文化基础教育为主，在适当年级，因地制宜地渗透职业技术教育；以分科课为主，适当设置综合课；以必修课为主，初中阶段适当设置选修课；以按学年、学期安排的课为主，适当设置课时较少的短期课。活动在实施全面发展教育中同学科相辅相成。学校在教育、教学工作中，要充分发挥学科和活动的整体功能，对学生进行德育、智育、体育、美育和劳动教育，为学生的全面发展打好基础。

国家安排课程中，小学阶段开设思想品德、语文、数学、社会、自然、体育、音乐、美术、劳动共 9 科，有条件的小学可增设外语；初中阶段开设思想政治、语文、数学、外语、历史、地理、物理、化学、生物、体育、音乐、美术、劳动技术共 13 科，还开设短期的职业指导课。所有课程都要加强基础知识和基本技能的教学，与此同时要重视培养和提高学生的能力，并根据各门学科的特点有机地渗透思想教育，促进学生个性心理品质的健康发展，全面完成学科教学的任务。学科设置的基本要求简述如下。

思想品德：进行以“五爱”为基本内容的社会公德教育和一般的政治常识教育，教育学生心中有他人、有集体、有祖国，着重提高学生的道德认识，培养道德情感，指导道德行为，使学生初步具有分辨是非的能力。

思想政治：使学生初步明确社会主义道德的基本准则、公民的权利和义务，了解社会发展的一般规律，了解我国国情和建设有中国特色的社会主义的有关知识，使学生初步确立坚持中国共产党领导、坚持走社会主义道路的信念，初步树立道德观念、法制观念、国家观念，以及阶级观点、劳动观点、群众观点、集体主义观点，初步具有社会责任感，提高分辨是非的能力。

语文：小学阶段使学生学会汉语拼音和 2500 个左右的常用汉字，掌握常用词语和一定的写字技能，会说普通话，会使用常用字典，打好听、说、读、写的基础。使学生从小热爱祖国语言文字，发展观察和思维能力，受到生动的思想、政治、品德教育和审美教育。初中阶段使学生掌握现代语文的基础知识，学一点文言文，扩大识字量和常用词汇，较熟练地使用常用字典、词典等工具书。通过听、说、读、写的基本训练，提高理解和运用语言文字的能力，进一步发展观察和思维能力，受到较深刻的政治教育、思想教育和审美教育。

数学：小学阶段使学生掌握整数、小数、分数的基础知识和四则运算的技能，学一些简单的几何图形、简易方程和珠算知识，学一点简单的统计初级知识。培养初步的逻辑思维能力和空间观念，以及运用所学数学知识解决一些简单实际问题的能力。初中阶段使学生掌握代数、平面几何的基础知识和基本技能，学一点统计初级知识、直观空间图形知识。进一步培养学生的运算能力、逻辑思维能力和空间观念，以及运用所学数学知识解决简单实际问题的能力。

外语：初中阶段开设英语或俄语、日语等，分两级水平。一级水平学习两年，掌握适量的基础知识，通过初步的言语训练，能进行简单的听、说、读、写活动；二级水平是在一级水平的基础上，继续学习一年或二年，掌握必要的基础知识，经过进一步的言语训练，具有初步的听、说、读、写能力，为继续学习外语打好基础。

社会：使学生初步认识常见的社会事物和现象，初步了解家乡的、祖国的、世界的历史、地理和社会生活等方面的常识，初步培养学生观察社会和适应社会生活的能力，使学生受到爱国主义教育和法制观念的启蒙教育。

历史：使学生掌握中国历史（包括乡土历史）、世界历史的基础知识和历史发展的基本线索，着重学习中国近、现代史的重要事件和主要人物，使学生受到爱国主义、社会主义和国际主义的教育，培养学生初步运用历史唯物主义基本观点分析问题的能力。

地理：使学生获得有关地球、地图的初步知识，掌握世界地理、中国地理（包括乡土地理）的基础知识，初步具有阅读和运用地图、地理图表的技能，初步理解人类活动与地理环境的关系，认识我国地理方面的基本国情，懂得有关人口、资源、环境等方面的基本国策，受到辩证唯物主义和爱国主义的教育。

自然：使学生初步认识自然界常见的物体和现象，初步了解人类对自然的利用、改造、保护与探索，培养学生爱科学、学科学、用科学的志趣和初步的观察、动手能力，使学生受到爱家乡、爱祖国、爱大自然和相信科学、破除迷信的教育。

物理：使学生在观察、实验的基础上，学习力学、热学、电学、光学等方面的初步知识，了解它们在实际中的应用，初步掌握一些力学、电学中的基本概念和规律。培养学生初步的观察能力、实验能力和运用所学物理知识解决简单实际问题的能力，以及实事求是的科学态度。

化学：使学生在观察、实验的基础上，初步掌握一些化学基本概念、基本原理和几种最常见的重要元素及其化合物的基础知识，初步了解它们在实际中的应用。培养学生初步的观察能力、实验能力和运用所学化学知识解决简单实际问题的能力，以及实事求是的科学态度。

生物：使学生在观察、实验的基础上，初步掌握关于植物、细菌、真菌、病毒和动物的形态结构、生理和分类等方面的基础知识，初步学习一些生物遗传、进化和生态等方面的基础知识并了解它们在实际中的应用，初步懂得人体形态结构、生理功能和卫生保健的基础知识。培养学生初步的观察能力、实验能力和运用所学生物学知识解决简单实际问题的能力，以及实事求是的科学态度。

体育：小学阶段使学生掌握体育、卫生、保健的基础知识，以及简单的体育运动技术。使学生养成锻炼身体、讲究卫生的习惯，增强体质，加强纪律观念，培养学生团结友爱、朝气蓬勃和勇敢顽强的精神。初中阶段使学生掌握体育基础知识和体育卫生保健知识，初步掌握基本运动技能。使学生养成自觉锻炼身体的习惯，促进身体正常发育，增强体质，进一步加强纪律观念，培养学生团结合作的精神、竞争的意识和勇敢顽强的意志品质。

音乐：小学阶段主要学习我国优秀民族音乐作品，初步接触外国优秀音乐作品，使学生掌握浅显的音乐基础知识和基本技能。培养学生对音乐的兴趣及对音乐初步的感受和表现能力，激发爱国主义情感和民族自豪感。初中阶段主要学习我国民族优秀音乐作品，了解一些外国优秀音乐作品，使学生初步掌握音乐的基础知识和基本技能。增强对音乐的兴趣、爱好，进一步培养学生对音乐的感受、表现和鉴赏能力，以及爱国主义精神和民族自豪感。

美术：小学阶段初步接触我国民族民间的、国外的优秀美术作品，使学生掌握浅显的美术基础知识和简单的美术技能，增强学生对美术的兴趣和爱国主义情感，培养学生的观察能力、想象能力和美术欣赏能力。初中阶段进一步了解我国民族民间的、国外的优秀美术作品，使学生掌握美术基础知识和基本技能。提高学生的观察能力、形象思维能力、美术欣赏能力和表现能力，陶冶学生高尚的情操，增强爱国主义精神。

劳动：通过自我服务劳动、家务劳动、公益劳动和简单的生产劳动，使学生初步掌握一些基本的劳动知识和技能。培养正确的劳动观念、良好的劳动习惯、热爱劳动和劳动人民的感情。

劳动技术：使学生掌握一些服务性劳动和工农业生产的基础知识与基本技能，也可使学生适当掌握某些职业的基础知识和基本技术。通过劳动培养学生具有正确的劳动观点和良好的劳动习惯，以及热爱劳动和劳动人民的感情。

职业指导：使学生了解关于就业和升学的方针政策，了解当地有关学校和主要职业的情况、职（专）业特点和不同职（专）业人员的素质要求，学习择业的一般常识。使学生能够根据国家需要及自身条件正确选择升学和就业的方向。

活动：计划设置晨会（夕会）、班团队活动、体育活动、科技文体活动、社会实践活动和校传统活动等。各项活动都要结合其特点，发挥学生的主动性和创造性，使学生受到政治、思想、道德教育，扩大视野，动手动脑，增长才干，发展志趣和特长，丰富精神生活，增进身心健康。活动设置的基本要求分别如下。晨会（夕会）举行升旗仪式，进行时事政策和日常行为规范教育。教育学生要热爱祖国、关心国家大事、遵守学生守则、养成良好的行为习惯。班团队活动有目的、有计划地开展内容丰富、形式多样、生动活泼的集体活动，增强学生的组织观念和集体观念，培养学生自我管理和相互交往的能力。体育活动进行早操、课间操、眼保健操和其他体育锻炼，使学生增强体质，养成自觉锻炼身体的习惯。科技文体活动主要开展科技、文艺、体育等活动，由学生自愿参加。使学生提升兴趣，拓宽知识，增长才干，发展特长。社会实践活动有参加社会生产劳动和社会服务、社会调查、参观访问及军事训练等活动，这一活动引导学生接触工农，了解社会，认识社会主义制度的优越性，增强热爱劳动人民的感情和社会责任感。校传统活动从学校实际出发，因地制宜地组织有教育意义的活动，包括国家重大节日、纪念日和民族传统节日，以及学校自定的科技节、体育节、艺术节、远足等活动，引导学生在丰富多彩的活动中生动活泼地发展。

为了适应城乡经济文化发展和学生自身发展的不同情况，《九年义务教育全日制小学、初级中学课程计划（试行）》也设置了地方安排课程。地方课程由各省（自治区、直辖市）教育委员会、教育厅（局）根据本地实际情况和需要制定。

1992年的课程计划突出了以德育为首，德智体美劳“五育”并举的全面发展的教育方针，第一次将活动与学科并列为两类课程。后来又将“课程管理”作为课程计划中的一部分独立出来。

1999年教育部的《面向21世纪教育振兴行动计划》有专门关于课程管理的规范。这一次课程改革，我国教育界掀起了国家课程、地方课程、学校课程，以及活动课程、研究性学习课程研究的热潮。

这一时期的课程改革最为突出的表现是：在课程行政管理体制上开始打破“集权制”的绝对支配地位，确立了“一纲多本”的课程改革方略；在课程目标、内容、组织、结构等方面大胆借鉴国际上的先进经验，敢于突破以往课程改革中的诸多禁区，如“个性发展”“选修课程”“活动课程”等内容在各地的课程计划、课程标准中都有重要地位。

8. 2001年开始的迎接新世纪的课程改革

20世纪90年代以来我国提出并开始实施素质教育，素质教育的课程要求有别于应试教育的课程。为了全面实施素质教育，为了更好地解决前七次课程改革遗留的课程问题，为了顺应世界课程改革的潮流，我国政府又开始了一场广泛、全面、深入、持久的课程系统改革。

2001年6月，教育部颁发《基础教育课程改革纲要（试行）》，标志着我国基础教育课程改革全面启动。遵循“先实践，后推广”的原则，新课程于2001年9月在全国38个国家级实验区进行了实验，2002年秋季实验进一步扩大到330个市、县。2004年秋季，在对实验区工作进行全面评估和广泛交流的基础上，课程改革进入全面推广阶段。到2005年，中小学阶段各起始年级原则上都应进入新课程。这次改革不是对课程内容的简单调整，不是新旧教材的替换，而是一次以课程为核心的波及整个教育领域乃至全社会的系统改革，是一场课程文化的革新，是教育观念与价值的转变，涉及课程的理念、目标、方法、管理、评价等方面。这场改革仍在继续，成败与否有待实践的检验。

二、基础教育课程改革的时代特征

（一）基础教育课程改革是一场深刻的价值变革

如何评价2001年开始的课程改革呢？学术界内的争论比较大，有的学者提出了比较尖锐的批评。特别是核心素养概念的提出，很多学者进行了集中的广泛的论述，这是后话，后文将有专门的讨论。

本着从实求知的原则，笔者站在“局外”谈谈粗浅的认识，基本结论是：基础教育课程改革是一场深刻的价值变革。为什么这么说呢？

美国课程专家麦克尼尔（J. D. McNeil）指出，如果从课程变革的复杂性来看，课程改革通常有五种类型。一是“替代”，即一种要素可能被另一种现成的要素所替代。比如，用新的教科书代替旧的教科书。二是“交替”，即当变革被引进到现行的材料中，并有希望成为选修科目而容易被采纳时，交替就产生了。这种方式常常表现为在现行课程内容和结构不变的情况下增加一些新的内容，对其进行充实、改进等。三是“紊乱”，这种变革是破坏性的，对课程改革往往起反作用。四是“重建性变革”，这种变革导致对体系本身的修改，即课程改革不是课程内容、结构的改造，而是要更新课程体系，形成新的教学观，因为课程与教学的改革是分不开的。五是“价值观变革”，它强调课程改革归根到底是一种价值变革，是与课程有关的人的价值思想观念的变革①。从这个标准看，2001年以来的课程改革，本质上就是一种价值变革。我们不仅对课程在结构、内容等方方面面进行了改革，如综合实践活动课程的开设、课程内容的整合（如艺术、科学课的设置）等，而且最为关键的是对人们所持有的一些价值观念进行了根本性的变革，如对学校，不再认为学校只是传授知识的场所，而是把学校视为课程改革的中心、

① 约翰 D 麦克尼尔. 课程导论[M]. 施良方等译. 沈阳：辽宁教育出版社，1990：145-146.

科学探究的中心、课程发展的中心；对课程，认为课程不只是“文本课程”更是“体验课程”，是超文本的课程形式；对教材，认为教材是范例，是学生学会认知、学会做事、学会共同生活、学会生存的范例，是不断获取知识、提升精神、完善自我的范例，等等。因此，我们说基础教育课程改革是一场深刻的价值变革。也正是这场变革，促进了我国基础教育课程改革的创新与发展。

（二）基础教育课程改革是一次全面的创新

第一，课程目标的创新，每门学科的目标至少包括知识与技能、过程与方法、情感态度与价值观三个方面，也就是通常所说的“三维目标”，体现了育人为本，促进学生知识、能力、情感态度和谐发展的素质教育观念。新课程规定了未来国民素质的目标要求，体现了培养高素质人才、为新世纪的发展积极准备的素质教育观念。突破以学科为中心，基于“四基”（即基础知识、基本技能、基本思想和基本活动经验）选择课程知识，体现了面向全体，切实关心每一个学生，为学生终身发展奠定基础的素质教育理念。

第二，课程结构的创新，强调课程的综合性、选择性、均衡性。其一，提出“小学阶段以综合课程为主”，“初中阶段设置分科与综合相结合的课程”，并“从小学至高中设置综合实践活动作为必修课程”。其二，提出了课程结构的选择性。课程结构的选择性是针对我国不同地区、不同学校和不同学生的差异提出的。考虑新课程结构首先要能够适应地区间经济和文化的差异，使我国各个地区能够根据自己的经济发展现状和地区民族文化特点，来选择合适的课程，并能够发挥各所学校的主体性，使他们真正成为新课程改革的执行者和实施者，让每一所学校都具有自身的特色，从而达到课程结构适应不同学校特点的目的。其三，提出了课程结构的均衡性。课程结构的均衡性是依据全面发展的理论和素质教育的思想提出的，即我国要培养的是德智体全面、和谐、均衡发展的“完整”的人。这一课程结构特征的实现，势必使我们从新的角度重新认识全面发展教育的目的，客观实际地去实施全面发展教育。课程结构均衡性的内涵主要从三个层面上体现出来：①对学习领域的规划和设计，或者对学科与活动的规划和设计必须全面、均衡；②对各学习领域，或者学科与活动的课时分配必须均衡；③课程内容的选择必须均衡，当然，课程的均衡是相对的，不能搞绝对的平均。新课程的实施必须满足前面的综合性和选择性，即适应对学科本位的打破和促进学生个性的发展；同时，在均衡性的参与和保证下，使学生的个性发展不再是孤立的、片面的，而是使学生个性全面地、完整地、整体性地得到发展。

第三，课程理念的创新。基础教育课程改革离不开课程理念的创新。如果没有课程理念的创新，课程改革就只能局限于技术层面而缺乏文化创新的动力。正是这些理念的创新，推动了课程研究，为基础教育课程改革注入了一股新鲜的血液，唤起了课程改革的生机和活力。其一，创新的学校观。学校是学习型组织，是培养人才的机构，而不是官僚机构，不是公司，不是监狱，不是附属品。其二，创新的课程观。新的课程观强调课程知识要尽量体现超文本的特点。课程不只是“文本课程”，更是“体验课程”。课程的内容和意义在本质上并不是对所有人都相同，在特定的教育情境中，每一个教师、学生在对课程文本的理解和解释中，总要融入个人独特的生活经验，形成不同的意义生长域，从而对课程作出某些生产性或创造性的改变。课程成为一种动态的、生成的“生态系统”。在这一过程中，学生、教师、课程之间是互动的、交流的，他们通过反思人类的生存状态、个体生活方式来理解课程、创造课程。其三，创新的教材观。基础教育课程改革坚持“教材是范例”的观点，认为教材要由控制和规范逐步转向为人的全面发展服务，成为学生学会认知、学会做事、学会共同生活、学会生存的范例，成为不断获取知识、提升精神、完善自我的范例。教材不是学生必须完全接受的对象和内容，而是引导学生利用已有的知识和经验，主动探索知识的发生与发展，引起学生认知分析，理解文化，反思、批判和建构意义的中介，是案例或范例，强调教材是学生发展的“中介”，是师生对话的“话题”，是交往的桥梁。另外，本书认为，教师其实就是一种最好的教材，他的学识、人品深深地影响着学生，教育着学生。

第四，教学的创新。强调教学与课程的整合，注重科学探究的教学，提倡交流与合作的学习，关注体验性教学，推进信息技术在教学中的应用。传统的教学观把教学视为知识传递的过程，教学被窄化为知识积累和技能训练。新的教学观则认为课堂教学不只是课程传递和执行的过程，更是课程创生与开发的过程，是教师与学生交往、互动的过程。在这个过程中，师生双方相互交流，在对话中不断建构知识。同时，学生也不只是知识的接受者，他们必须具备批判意识，敢于直面现实生活中的问题，并设法加以解决，形成一种发现问题、分析问题、解决问题的能力。总之，教学不再注重教知识，而是关注学生的生命体验，它是师生富有个性化的生命活动。

第五，课程管理的创新。这方面首先强调实行国家、地方、学校三级课程管理，同时教师观也得到了创新。教师要由课程的忠实执行者变为课程的开发者（尤其是学校课程的开发）和课程知识的建构者（是“用教材教”而不是“教教材”）。教师要由学生的“控制者”变为学生的“促进者”“合作者”“引导者”。教师还应是自身教育教学实践的“批判者”和“反思者”。教师应利用个人的课程意识和教育理性为依据对其课堂教学行为进行批判和反思。此外，创新了学生观。学生是有着完整生命表现形态的发展中的人，具有生命的整体性和发展的能动性。教学要尊重学生，树立为学生发展服务的意识，尊重学生的人格，尊重学生在学习方面的思考，尊重学生主动学习的精神，把精神生命发展的主动权交给学生。

（三）基础教育课程改革的落实任重道远

以上两个方面的优势分析，是基于纲要和课程标准而谈的，在实践中存在一定的偏差，因此也导致一些学者的批判。比较典型的是邢红军，他连续发表三篇文章，系统分析了新课程改革的不足（或者说存在的问题）。他认为，应遵循教育的基本规律与严肃的学术规范，并依次从课程改革的评价总揽、课程理论、教学方式、课程内容、训练形式和研究范式诸方面，对我国基础教育课程改革进行认真检讨与深刻反思，并得出结论：我国基础教育课程改革的课程理论、教学方式、教学内容、训练形式及研究范式偏离了基础教育的正确方向，均存在需要认真反思的问题[①]。他断言中国基础教育课程改革已经成为一个方向迷失之旅，盖因本次基础教育课程改革在关键的十字路口误入歧途——以学生自主探究作为课堂教学的主要方式，摒弃以教师传授教学为主的教学方式。而依照基础教育的基本规律，教师理应是知识的传授者，课堂教学理应以教师讲授为主，学生理应以接受学习为主。邢红军认为，正确确定基础教育的教学走向，是从根本上解决目前基础教育课程改革方向存在严重问题的关键。因为只有这样，才能建立共同的教学规范，才能在前人的基础上进步，才能避免停留在杜威和布鲁纳的研究阶段，才能读懂赫尔巴特、凯洛夫和奥苏贝尔这些崇尚传授-接受教学的教育学宗师的思想。只有理解有意义接受学习的内涵，尤其是有意义言语接受学习的内涵，才能真正理解基础教育的根本特性和基本规律[②]。他强调，从基础教育课程改革的两岸比较、因材施教、思维训练、教材编写、讲授教学、教师教育等方面可以看出，

---

① 邢红军. 中国基础教育课程改革：方向迷失的危险之旅[J]. 教育科学研究，2011，(4)：5-21.

② 邢红军. 再论中国基础教育课程改革：方向迷失的危险之旅[J]. 教育科学研究，2011，(10)：5-22.

我国基础教育课程改革急需重新设定正确方向，唯有如此，才能使我国基础教育课程改革回到符合教育规律的正确轨道①。

本书在调研的基础上，提出目前基础教育课程改革存在的几点问题：

第一，课程改革与教师教育问题。教师是基础教育课程改革取得成功的重要保证。然而，继新课程改革实施以来，我们的教师在观念和实际操作方面都还是远远达不到要求。这主要表现在三个方面。①一些教师的观念难以转变，尤其是一些老教师，他们早已习惯于其熟悉的课程理念、目标、内容及方式方法等，老一套的东西早已在他们的头脑中根深蒂固，面对新的课程改革，他们深感“太突然”“不知所措”，难以适应。②新课程对教师提出了较高的要求，虽经过培训，但他们在教学方法上仍尤为欠缺，不懂得如何将理论转变为可操作的方法，要么“穿新鞋走老路”，要么就是“弄巧成拙”。比如，基础教育课程改革在转变教学方式方面特别将“自主、合作、探究”作为重点进行倡导。但是，“自主、合作、探究”的课堂究竟是怎样的课堂？这就需要每位教师进行长期的实践。然而在很多“新课程改革公开课”“研讨课”上，一讲“合作”就是“小组”，什么课都是小组讨论，什么内容都要通过小组讨论来“解决”，很少考虑选择的话题是否有讨论的价值。从组织形式上来说，小组合作学习是一种先进的学习范式，小组是一个小型的学习型组织，但我们在课堂上常常看到小组学习处于一种“无政府状态”，没有游戏规则，乱成一团，很少有实质性的讨论。结果，小组讨论成了课堂上的“放羊”。③在教师培养方面，目前师范院校的毕业生不能马上上岗，需培训一到两年，并且他们能否承担起实施新课程的任务，还是一大考验。在此需要强调的是，面对教师在观念和实际操作方面存在的问题，课程理论工作者应该充分发挥自己的能动性，切实走进教学第一线，帮助教师解决认识上和行动上的问题，不提倡“坐而论道”。

第二，教学评价问题。具体表现在以下几个方面。①对学校的评价仍以升入重点学校的学生人数为主。②新课程提出学生的发展除了知识与技能，还包括过程与方法、情感态度与价值观；除了学科学习目标，还有一般性发展目标；除了学业成绩，还有学习态度、创新精神、动手能力、解决问题的能力、科学探究的精神及健康的审美情趣等。其中很多方面都难以通过考试的方式加以考查，更难以用量化的方式进行准确、客观的描述，这就给教师的具体操作带来了一定难度，并且效果也不太理想。③高考制度改革与新课程改革同步进行，学校开设的各种

---

① 邢红军. 三论中国基础教育课程改革：方向迷失的危险之旅[J]. 教育科学研究，2012，(10)：5-23.

课程就不可避免地要在某种程度上受考试目标的影响。例如，新课程改革强调对学生能力的全面培养，而高考在内容和方式上都仍然偏向学生的知识方面，这就使得新课程改革的宗旨得不到很好的体现。

第三，新课程自身的问题。具体表现为：①新课程体系显得有些复杂，教师难以把握重点；②由于综合课程的出现，教师素质跟不上，出现备课难、工作量大增的情况；③有些学校感到较难开设综合实践活动课，特别是信息技术课，很多农村学校至今都无一台计算机；④有农村学校反映，新教材过于城市化，语文、综合实践活动课等的一些内容太深奥，不够贴近农村生活实际，这对农村学生的学习来说有一定困难。

三、基础教育课程理论的反思

课程及其理论涉及教育教学的三个基本问题，第一个问题是：培养什么人？第二个问题是：什么知识最有价值？第三个问题是：如何传授知识？培养什么人关系到教育的目标和方向，最有价值的知识分门别类构成课程，而知识的传授则是教学的过程。课程与教学所关注的问题不同，课程倾向于政治，教学更倾向于学术。英国教育专家霍尔姆斯（B. Holmes）和麦克莱恩（M. Mclean）在合著的《比较课程理论》（*The Curriculum：A Comparative Perspective*）一书中，从什么人应该受教育和什么知识最重要这两个问题出发，将主要的课程理论归为四种：要素主义课程理论、百科全书课程理论、综合技术主义课程理论和实用主义课程理论。要素主义课程理论产生的历史最为久远，形成于中世纪前的欧洲，在英国扎根成长；百科全书课程理论在17世纪前开始采用，法国成为其最佳的土壤；综合技术主义课程理论和实用主义课程理论均是19世纪末20世纪初产生的，分别诞生于意识形态截然对立的两个世界超级大国：苏联和美国。从欧洲及美国产生的四种课程理论对当今全球范围内的课程影响深远。

（一）四个典型的课程理论[①]

1. 要素主义课程理论与英国课程

要素主义课程理论来自柏拉图《理想国》中的思想。在柏拉图的理想国中，

① 郑锋. 四个国家的基础教育课程理论与实践溯源[J]. 教育理论与实践，2015，(31)：45-50.

人被分为三个阶层：受过严格哲学教育的统治阶层、保卫国家的军士阶层及平民阶层。柏拉图提出的培养哲学王的课程统治欧洲几百年之久。要素主义课程的核心是由精心选择的几门课程组成的，包括算术、几何、音乐和体育等。课程开设不是基于实用的目的，如算术和几何课程旨在逻辑判断和缜密思维的养成，音乐课程重在陶冶心灵与调和性情，体育课程不仅能强身健体，还在于磨炼坚韧不拔的勇敢心灵。这些课程具有内在逻辑性，为学习者提供成为政治领导者所必需的智慧、技能和品德的训练，以此造就和完善理性、激情、欲望三者和谐的灵魂。

2. 百科全书课程理论与法国课程

百科全书课程理论是由17世纪捷克教育学家夸美纽斯提出的。百科全书课程理论产生的背景是17世纪欧洲自然科学的蓬勃发展，科学知识对教会信仰造成巨大冲击，其理论的出发点是课程应包括人类社会所有知识，对基督教会推崇的“七艺”（即算术、几何、音乐、体育，再加上文法、修辞、逻辑）要素主义课程发起挑战。夸美纽斯提出了“泛智教育”的思想①，认为学校教育应当把一切事物教给一切人，倡导凡生而为人都有受教育的必要的公民教育思想，以此为基础提出了普及教育的主张及关于统一学制的设想。夸美纽斯的教育和教学思想的基本精神是所有人都应当通过教育获得广泛的知识，特别强调把一切知识的种子播撒到儿童身上。

法国的初等学校在19世纪的功能是维护社会稳定及选拔小职员，课程是全国统一的，有标准化的法语、数学、历史和地理等科目的教学大纲，也存在一些将教育教学与儿童生活相联系的传统。小学毕业要进行全国统一考试并保存留级制度，小学生在各个年级的学期末要求达到一定的学业标准。

3. 综合技术主义课程理论与苏联课程

综合技术主义课程也称之为百科全书式综合技术课程，源自苏联，是在百科全书课程基础上增加了社会生产和生活实践的课程。苏联的课程体系很少变化，在统一的教育体系中，最重要的是一致性。总体上，苏联学校的课程是百科全书式的，中等教育最多有十七八门课程，包括俄语和俄国文学、数学、历史和俄国宪法、生物、物理、化学、天文、地理和经济地理、外语、机械制图、美术和音乐、体育、军训等。

---

① 郑锋. 四个国家的基础教育课程理论与实践溯源[J]. 教育理论与实践，2015，(31)：45-50.

4. 实用主义课程理论与美国课程

实用主义课程发源于19世纪初期的美国，杜威是实用主义课程的早期实践者和代表人物。杜威认为，应该立足于问题来选择都市环境中的教学内容，提出把初等学校办成一种小型社会，学校课程就是为儿童提供问题解决式的学习活动，将现实社会生活的一些内容组织到教学过程中去。教育就是儿童现在生活的过程，而不是将来生活的准备，最好的教育就是从生活中学习。

（二）基础教育课程理论的发展

讨论基础教育课程理论的发展，就是要澄清在新课程改革实践中存在的模糊认识。靳玉乐和艾兴认为，新课程改革的理论基础显得“含混不清”，并没有人对“新课程改革的理论基础到底是什么”作出明确的回答，这会导致“改革实践的不知所措”[①]。没有理论指导的实践是乏力的，反之没有实践的理论是空洞无物的，如果理论“含糊不清”，实践肯定是不知所措的。

关于新课程改革理论基础本身的认识，主要有两种误解：一是认为新课程改革理论基础“含糊不清”；二是认为后现代课程观及其相关理念是新课程改革的理论基础。对新课程改革理论基础最大的误解是：后现代课程观、建构主义、多元智能理论等是新课程改革的主要理论基础[②]。马福迎认为，课程改革理论要“多元性博采众长、避免偏窄，眼界宽广、高瞻远瞩”[③]。他所指的“多元性”既指建构主义、后现代主义、实用主义和多元智能等理论，也包括对“基础理论进行完整、系统和深入的阐述，并在此基础上形成改革者所设想的知识观、课程观和教学观等基本的课程理论体系”。朱成科则以多元智能理论为例，从多元智能理论自身的角度论证了新课程改革理论基础的合理性。这里的理论基础是指“建构主义、多元智能和成功智能、脑科学的新成果，还要加上杜威的活动课程理论在中国的多种变异形式……”[④]。

我们应该认识到，课程改革要在一个广阔的国际视野下展开，需要借鉴并移植西方发达国家的一些先进理念特别是一系列后现代课程思想及经验和做法；在

① 靳玉乐，艾兴. 新课程改革的理论基础是什么[N]. 中国教育报，2005-05-28(3).
② 吴永军. 正确认识新课程改革的理论基础及其价值取向[J]. 教育科学研究，2010，(8)：5-8.
③ 马福迎. 对《靳文》有些观点，不敢苟同[N]. 中国教育报，2005-08-13(3).
④ 朱成科. 基于基础教育改革的课程哲学反思——关于“新课程改革”三个理论问题的探讨[J]. 当代教育科学，2007，(10)：3-7.

操作层面上，要坚持中西结合；在课程观的理解上，要突破理性主义课程观的狭隘性，融合后现代课程观；在课程实施上，确立基于建构主义的对话、互动、自主建构、动态生成的基本范式（注意是基本范式，不是实施的全部）；要基于教育目的、教学目标来设计、实施；更要坚持马克思主义的指导。

泰勒（R. W. Tyler）的《课程与教学的基本原理》是特定时代的产物。20 世纪初，被誉为“管理学之父”的泰勒提出了“科学管理”原理，提出口号是“效率”，并强调“彻底的实际效用”。一些教育界人士对工厂企业的科学化管理运动，很快就做出反应，他们竞相仿效，并把这种“科学”方法运用于学校管理，继而又推衍到课程领域本身。这样，美国课程理论就有这样的隐喻：学生是“原料”，是学校这架“机器”的加工对象。因此，学校课程的核心即学科也围绕“效率”轨道运转。“效率等同于科学”，泰勒基于这些观点的影响，并汲取他人的经验和自己的创新，进而提出了自己的课程理论——泰勒原理。泰勒的课程与教学的基本原理是围绕着 4 个中心问题运转的，即：学校应该达到哪些教育目标？提供哪些教育经验才能实现这些目标？怎样才能有效地组织这些教育经验？怎样才能确定这些目标正在得到实现？围绕这 4 个中心问题，泰勒提出了课程编制过程。

进入大数据时代，社会进入后现代。后现代主义起源于人文学科，是第二次世界大战以来西方世界出现的社会文化思潮，原来仅指一种以背离和批判现代和古典设计风格为特征的建筑学倾向，后来被移用于指文学、艺术、美学、哲学、社会学、政治学甚至自然科学等诸多领域中具有类似倾向的、波及整个世界的、广泛的文化哲学思潮，对整个西方人文社会学科的发展都发生着不可忽视和不可低估的影响。从某种程度上可以说，后现代主义是人类有史以来最复杂的一种思潮，这点从人们对后现代主义空前的众说纷纭中，从即使在西方对什么是后现代主义也没有一个统一的界说中可以部分地得到佐证。“有多少个后现代主义者就有可能有多少种后现代主义的形式。”后现代主义对教育的影响主要表现在教育课程专家将后现代主义的思想观点引入课程理论研究。小威廉姆 •E. 多尔是美国路易斯安那州立大学课程与教学系教授、课程理论项目主任。他被公认为当今后现代课程观的集大成者。多尔首先从科学-神学-生态学而不是美学-文学-政治学的维度对现代范式封闭观的局限性进行了剖析：笛卡儿主义、牛顿主义、博比特模式、泰勒原理。然后，多尔考察了后现代范式的开放观，分析了后现代生物学、化学、模糊学；分析了认知革命和过程思想等领域发展而形成的特点；运用生物学的组织或等级理论重新考察了皮亚杰的课程建议及平衡—不平衡—再平衡的发展模式；普里戈金的热力学耗散结构和混沌理论。在此基础上，多尔建构了后现代课程模体。多尔认为后现代课程是生成的，而非预先界定的；是不确定的，却是有界限的。这种课程与泰勒原理迥然不同。因此，多尔用课程“4R”标准取代了传统的“3R”（读、写、算）标准。“4R”即丰富性、回归性、关联性和严密性[①]。

把课程问题当作学校建设的根本问题来认识，是提高教育质量所要明确和解决的关键问题。经过多年的争论，虽然仍存在很多分歧，但也形成了一些基本共识，主要聚焦于课程的定位、课程的价值取向、课程的构建、课程的目标、课程的实施与课程的评价 6 个方面。此外，联合国教科文组织网站在 2015 年 9 月 19 日公布了一份由联合国教科文组织国际教育局（International Bureau of Education）围绕课程问题发表的工作文件——《处于争论和教育改革中的课程问题——为 21 世纪的课程议题做准备》。国际教育局通过这份报告，总结了近年来国际上对于课程争论问题及课程未来发展趋势的总体认同，从而勾画了 21 世纪课程改革的发展轮廓，为未来国际范围内的课程改革奠定了基础[②]。

在大数据时代，在教育信息化的今天，课程不再是单纯的技术问题，课程的定位应该从单纯的技术问题转变为国家教育发展的核心要素，其实质是将课程定位为适合国家教育目标并适合国家教育发展的最重要的工具。课程定位超越了技术层面，将课程作为整个国家（地区）教育政策讨论的重要议题，使课程融入政府的决策，并涉及社会各利益相关者，以发挥课程对实现教育总目标的巨大推动作用。

课程需要集体来构建，课程是集体智慧的结晶，不应该只是一部分学科专家和学者商讨的结果，而是社会广泛参与、集体建构的产物，其构建关系到整个社会的发展，因而它的研发、制定和实施应该涉及社会的方方面面，更需要各利益相关者和教育系统各层次、全方位的参与，体现课程的广泛性。

课程为个人与社会发展服务。在课程与教学漫长的发展过程中，一直存在课程的个人本位与社会本位两种价值取向的激烈争论。新的课程观应当明确体现教育发展的目标，要兼顾社会与个人的学习发展需要，既为社会发展服务，也为个人发展服务，将育人目标融入到课程的概念内涵中，自觉承担起总体育人的任务。

---

① 刘祥辉，程家福. 从泰勒到多尔——后现代课程观的解读及启示[J]. 继续教育研究，2008，(5)：151-153.
② 陶西平. 21 世纪课程议程：背景、内涵与策略[J]. 比较教育研究，2016，(2)：1-5.

注重学生能力与价值观的培养和提升是基础教育课程改革的重大主题。所谓能力（ability），实际上与国际教育中所谈的技能（skill）、素质（quality）和素养（literacy）大致是相通的，它涵盖了诸如价值观、沟通合作交流、批判性思考、问题解决、创造力等方面，有着一定的深度和广度。课程要强调整合，培养学生的人文、社会、科学技术等多领域的基础素养，让学生既拥有人文学科的想象力，又具备科学技术领域的创造力，为今后成为多领域综合性人才打下坚实的基础。整合课程框架是基础教育课程改革的必然。

第二章 小处瞬息万变，大处岿然不动
——基础教育课程改革的国内外调查比较

一、国外基础教育课程改革的文献研究

（一）美国中小学课程设置对我们的启示

在国内，部分学者一提教育理论好像必须是美国的，对美国教育理论的崇拜超过了美国自己。笔者及同事在调研过程中问美国某学校，你们用的是什么教育理论，他们一脸茫然，不理解是什么意思，回答说没有什么理论，各地都不同，各校也不一样。当然，这可能是个别人的想法。但是的确反映出他们的一个现实。

通过交流和文献查阅，得到一些关于美国教育的规律性的东西。美国的中小学教育追求一种自由的氛围，在充分鼓励学生个性发展的同时培养一种生活技能和责任意识，同时不断开发新课程，以求与不断变化的社会相适应。在教学中，一个问题可能延伸出很多问题，绝不是一问一答式的。美国也有大的标准，如“2061 计划”等。美国各州根据国家课程标准和州法律及有关文件制定自己的基础教育课程标准。还有学区课程标准，学区课程标准是根据各州和学区情况制定的，一个学区内各校的课程开设情况也不一样。有了标准后，教师先写教案作为授课的教材。因此，在美国，教材是自主开发的，各州、各学区，甚至学校同科、同年级教师之间选用的教材也不一样，也有一部分教师的教案没有变成教材，但是任课教师对教材的选择有很大的发言权。基本上，任课教师可以选用所任课的教材，并有自行处理教材的方式方法。

美国开设的基础教育课程主要有语文、数学、自然科学、社会科学、健康体育、音乐、美术、家政、信息技术等。每个年级都有部分选修学科。同时美国注重对学生生活技能的培养，开设各种学习技能课。美国的学习技能课更侧重知识的广度和学习方法。在学习方法上，鼓励学生大量阅读，不主张死

记硬背。在教学方式上，笔者总结为“滚雪球式”，也就是把广泛纵横的知识给予学生，使它成为学生记忆中的一个符号。若还需要高深的知识，可到图书馆查阅。

在对学生训练方面，特别重视演讲的训练，因此出现了很多演讲家，几位总统的演讲稿都成为我们国家的演讲范文。美国小学和初中都有演讲练习课，在高中，基础演讲课是高中生的必修课。教师训练学生演讲技巧由简到繁，时间由 3 分钟到 15 分钟逐渐延长，学生由胆怯到自信，演讲水平从不熟练到“炉火纯青”逐步提高。尤其值得我们学习的是，他们的训练都是自主完成，学生投入大量时间写稿子，从网络上寻找信息，自己对着镜子练习，看自己的姿态和面部表情。每一个学生演讲完后，老师都要其他同学评议该学生的面部表情、语气、语言结构、措辞等，评议该学生哪些方面讲得好，哪些方面有待提高。由于有老师的评分和同学的反馈，学生演讲进步的效果一次比一次明显，所以学生特别喜欢上演讲课。

美国始终贯彻“以人为本”的教育理念，“培养生活技能，提高生活质量”是美国中等科学教育面临的问题及其改革的核心视角，从社会、文化、科学、个人及经济的变革多个角度论证了学校课程改革的必要性，其中一点就是“为了让青少年了解自己和让他们能在 21 世纪高质量地生活”，培养学生认识自己和他人的能力，培养适应现实生活和未来生活的技能。生活技能课主要内容包括学会对人诚实，不伤害他人；与人的交往，眼神、情感的表达，朋友之间的关系处理；学习和生活习惯的养成，时间安排，做笔记；营养的注意，每天的饮食习惯，各种食物所含营养成分等；人体机能，安全意识，求生技能等。生活技能课旨在教学生怎样做人，怎样处理人际关系，以及怎样生存。

美国对中小学的管理是信息化管理，他们没有学生处，管理学生的部门是顾问处。顾问处将所有学生的档案依姓名字母顺序存入计算机，里面记载有学生的学习成绩和学习表现情况。学生入校注册后，第一个与之谈话的就是顾问老师。顾问老师会向学生介绍各个学科的状况，各种职业对学生的要求，社会对学科的要求，帮助学生选科目，帮助学生与家庭和同学建立积极的人际关系，帮助学生合理安排时间。顾问老师一般连续几年都担任同一批学生的顾问，以便了解学生。顾问老师在学术、职业的选择和社会责任等方面帮助学生，各年级根据学生的发展需要安排咨询顾问的内容。

总结美国基础教育课程改革的特点有以下几点。

1. 课程理念

促进平等，追求卓越。美国以往的教育侧重于精英教育。进入 21 世纪以后，美国的基础教育课程改革开始面向每一个儿童，要求使教育适用于教育系统中的每一位学生，以保证所有学生，不论年龄、性别、文化背景等差异，都能平等地获得当代社会生活必需的知识和技能。原总统布什曾指出："有些人说，对劣势儿童执行严格的标准是不公平的。我认为要求太低才是一种歧视——是把期望值降低的软性偏执。"[①]因此，在《不让一个孩子掉队法案》中，美国联邦政府提出要"缩小优等学生和处境不利学生之间的差距，确保不让一个孩子掉队"。该法案还提出要全面提高所有儿童的学业成就，各州必须确定一个最低的成绩标准，并使其每三年提高一次，逐步靠近所规定的学业熟练度，最终在第 12 年使所有学生都达到规定的学业熟练度。在该法案的保证之下，在全国测试中学业成绩低下的儿童确实取得了学业成绩的进步，但是最聪明的儿童由于缺少关注而显示出了烦恼。因此，不少课程专家指出：该课程改革的能力标准对于残障儿童而言太高，但对于优秀生来说又太低。为了延续促进平等、追求卓越的课程改革理念，为了解决《不让一个孩子掉队法案》实施中出现的瓶颈，奥巴马政府做了如下几点改进：首先，将学前教育正式纳入 21 世纪基础教育课程改革的体系之中。提出"0～5 岁计划"，即重视幼儿的早期保育和教育，重点拓展低收入家庭托儿教育计划和低收入家庭幼儿教育计划。其次，重视特殊儿童基础教育的课程改革，对特殊儿童进行特殊教育。确保残障儿童获得学业成功，支持对残疾婴幼儿的早期干预和服务，增加残疾学生上大学的机会。

2. 课程内容

重视基础学科，强调信息素养。基础学科是中小学课程的核心，通过对英语、数学、科学、历史和地理等核心课程的学习，训练学生系统、扎实的基础知识和基本技能。在《不让一个孩子掉队法案》中，提出要实行"阅读先行计划"，普及美国学生的识字率，确保所有学生的阅读能力达到三级水平。教育部保证要通过以科学研究为基础的阅读教学，提高所有学生的阅读成绩，包括少数族群、低

---

① 付谢好，和学新. 新世纪以来美国基础教育课程改革及其启示[J]. 河北师范大学学报（教育科学版），2014，(3)：53-60.

收入家庭儿童、非英语母语族群和残障儿童。美国还针对不是以英语为母语的学生实行了一系列提升英语学习的补偿教学计划。奥巴马政府还特别强调信息技术的重要性，在《2009年美国复苏与再投资法案》中指出，要成立“以技术推动教育”基金，主要目的就是通过信息技术在公立学校中的广泛应用，提高所有学生的学业成就，并使所有学生在8年级结束时具备良好的信息技术素养。此外，该基金还支持在教师的专业发展中增加与教育技术有关的内容，促进信息技术与教师培训及课程发展之间的整合①。

3. 师资保证

提高质量，均衡需要。鉴于教师质量对学生学习成绩起到重要的影响，21世纪美国的基础教育课程改革对教师素质的提高提出了较高的标准。其中，《不让一个孩子掉队法案》确立了一个重要的目标，即2005～2006年学年结束时，美国每一间教室的教师都是“高质量的”。“高质量教师”指的是教师必须通过州颁发的全职教师资格证书或通过所在州的教师执照考试，仅特许学校（charter school）可以例外。2002年起，新雇佣的教师必须符合这些规定，每个学区每年都要提高达标的教师百分比，直到100%达标。此外，《不让一个孩子掉队法案》还提出教育专业入学和教师资格制度；扩大教师责任，实行两套教师评价体系——专业教师认证体系和优秀教师认证体系。但是，该法案对教师的要求太高，时间太短，反而造成了诸多现实困扰，尤其是偏远地区和农村地区由于教师质量难以达标甚至出现了没有教师的情况。因此，奥巴马政府在《改革蓝图》中除了继续实施提高教师质量的政策之外，还更加注重平衡各地优秀教师的需要，将优秀教师公平地分配到每个学校。在教师聘用方面，设立新的“教师服务奖金”，并为在职教师提供高质量的、具有选择性的学习项目，但这些教师必须要在有需求的地方至少从教四年。在教师培训方面，所有教育学院必须要有通过认证环节。国家建立一套自愿参与的全国性绩效评价体系，确保新教师接受培训。设立教师实习计划，为急需教师的学校提供3万名新教师。在教师任留方面，支持老教师和新教师的结对模式，采取激励措施，让新老教师共同分享成功的经验。在教师奖励方面，以新颖的方式提高教师薪酬，学区可以奖励那些辅导新教师的优秀教师，奖励那些在农村和市中心条件差的地方从教的教师，还奖励那些课堂教学出色的教师。

---

① 王志强.《2009美国复苏与再投资法案》教育项目解读[J]. 比较教育研究，2010，(4)：62-66.

（二）日本中小学课程改革的变化

日本从文化角度来讲，受中国传统文化影响较大，但是借鉴美国教育理论的时间更早。2006年笔者到日本学习一个月，在参观、考察中，特别是和教师交流中，感觉到日本的基础教育在转型。有位老师（这位老师会说汉语）抱怨说，目前师生关系不是一代人与另外一代人的交流（不是代沟），不是人与动物的对话，而是一个星球的生命体与另外一个星球的生命体的对话交流。说明日本的基础教育、师生关系存在一定问题。同时，他们对学生的要求也在不断提高；课程设置也发生了变化，特别是学时有大幅度增加。

日本中小学课程包括三大部分，即学术科目、道德教育和特别活动。其中道德教育和特别活动课程是日本中小学课程设置与其他国家中小学课程设置的根本区别所在。

日本小学课程中的学术科目包括日语、社会研究、算术、科学、音乐、美术、工艺、家事教育和体育。初中学术科目包括必修科目和选修科目两种，必修科目有日语、社会研究、数学、科学、音乐、美术、健康、体育、工业美术或家事教育，选修科目有外国语、附加美术课程及地方教育部门设置的其他课程。高中阶段的学术科目分为普通学术科目和特殊职业学术科目两种，其中特殊职业学术科目包括商业、执术、农业和渔牧业等。需要说明的是，日本高中课程只包括学术科目和特别活动，没有道德教育，这是一个例外。在学术科目中，日语、社会研究、数学、科学、健康和体育是中小学校必须开设的科目。日本中小学道德教育的目的，在于培养学生在日常生活中尊重别人的精神。部分学校对历史问题教学比较看重，这部分课程有两大对立观点，一是倡导和平，一是倡导“战争”。无论什么观点，他们都认为，中小学必须培养学生参加民主社会生活所必需的一切道德品质。道德教育的标准由文部科学省制定，由班主任在特定的“道德教育时间”内，对学生进行道德教育。日本中小学各年级的班主任，有权力、有责任根据道德教育的要求，灵活组织教学活动，完成道德教育的任务。

从重视道德教育来讲，日本应该说受中国影响大，不应该是西方教育理论在日本的贯彻。因为，长期以来，西方很多国家很不重视道德教育，中小学课程设置上也不强调道德教育。

虽然美国等西方国家开始重视道德教育，还发展了STS教育，适应社会的发展和欧洲学校责任的变化。例如，美国 1980 年进行的一项民意测验结果表明，79%的人赞成学校应该进行道德教育。但就整个西方国家中小学课程设置而言，许多国家仍然比较强调学术科目。而日本中小学特别重视道德教育课程，这与西方有很大的不同，也可以说是日本中小学课程设置的一大特色。

特别活动是日本中小学课程设置的第三个组成部分，也是师范教育课程的组成部分之一。特别活动课程通常是以小组的方式进行的，但是特别强调照顾学生的个别差异。日本教育学者认为，在中小学开设特别活动课程，可以促进学生身心的和谐发展，培养学生的自我意识和团体意识，促进学生独立性的发展，丰富学校生活。特别活动课程包括学生活动、学校事务和班级指导三种。学生活动又分为班级活动、学生社团活动和俱乐部活动三种。班级活动一般由每个班级的所有学生参加，其目的在于解决班级内部日常学习和生活中的一些具体问题，活跃班级学习气氛。学生社团活动由全校学生参加，目的是为了改进和丰富学校的学习活动，配合学校更好地组织各种活动。俱乐部活动由兴趣相同的学生参加，学生不分班级、性别，都可以参加俱乐部活动中的任何一项活动，如文化活动、体育活动等。学校事务包括开学典礼、毕业典礼、各种竞赛、体育运动会和现场旅行等。开设这类课程的目的在于弥补学术科目课程的不足，激发学生的学习热情。日本中小学把开学典礼和毕业典礼当作学校课程的组成部分。开学和毕业典礼这一天，校长、学生、学生父母、教师和社会各界名流都要做热情的讲话，形式隆重，场面壮观、热烈。同时，日本中小学还有计划、有目的地组织学生进行现场旅行，组织学生参加一些有意义的社会劳动来扩大学生的眼界，增强学生的社会实践能力。班级指导是日本中小学特别活动课程的第三个组成部分，就是在教师指导下，开展班级的各项组织活动。日本中小学各年级的班主任有对本班学生进行指导的责任，并把这项活动作为课程进行。班级指导的内容包括指导学生适应学校生活；对个别学生学习上的困难和挫折进行指导（多在学生选课上给予指导）；指导学生合理利用学校图书馆。除此之外，日本中小学班主任还要给学生提供学术咨询，经常调节学生的情感。班级指导活动贯穿于教学活动的始终。从以上的简要说明可以发现，日本中小学的课程设置广泛且全面，其中道德教育和特别活动占有重要的地位。

日本的基础教育虽然有很多特色，但是他们自身并不满意，最近几年开展了比较大的改革。日本中小学课程改革对我国的启示比较大，应该引起我国教育决策部门的注意。

1. 日本中小学课程改革的指导思想非常明确，并且有很强的时代性

日本对中小学课程进行了多次改革，每次的改革都有一定的指导思想。1947年，日本开始对中小学课程进行改革，1951年对1947年的改革结果进行了全面的检查，进一步明确指导思想。从1952年起，日本着手研究和解决中小学课程设置的整个问题。经过一系列研究，于1958年公布了小学课程计划和初中课程计划，1960年又公布了高中课程计划。这两次公布的课程计划强调：必须全面提高基础知识和基本技能的教学质量，加强科学技术教育；全面进行道德教育计划，改进地理和历史教学。这次改革强调了在义务教育阶段实施道德教育的重要性。最近几年改革提出：改进教学方法，使教学适应经济发展和技术进步的需要；培养和谐发展的个性，必须加强道德教育和体育，使学生智力、体力和道德和谐发展；必须加强对教学内容的研究和改革，教给学生有关某一学科的基本知识和技能，培养学生的创造力。

2. 课程目标的改革——培养“生存能力”以适应现代社会

1996年7月，日本中央教育审议会向文部大臣递交了第一份咨询报告《面向21世纪我国教育的应有形态》，报告的副标题为“让孩子拥有‘生存能力’和‘轻松宽裕’”，要求在学校五日制的“轻松宽裕”中开展独立自主且富有个性的学习。该报告认为，生存能力是一种全身心的力量，指学生“自己发现问题，自我思考，主动作出判断和行动，较好地解决问题的素质和能力。并且能够自律，善于和他人协调，善于为他人着想，感情丰富和充满人性。同时，能够强健地生存下去的健康和体力也是不可缺少的”①。培养学生的生存能力这一课程目标是结合日本当时的社会背景提出来的，面对激烈的国际竞争和对未来世界的忧虑，急需转变日本课程偏重灌输的特点，使课程在加强学生基础知识的同时培养学生的社会实践能力，在激烈的竞争中促进自身不断发展。2002年4月，日本的中小学开始实施新的《学习指导要领》，新《学习指导要领》对一些高深艰难的课程内容做了适当的删减，将一些更能体现培养学生生存能力的课程摆在了重要位置。例如，小学阶段注重培养学生的英语会话能力；在初中阶段，将信息技术和外语作为必修课；高中阶段外语仍作为必修课，还增设了信息必修课，以及融合环境、福利、健康、信息、国际理解等方面的综合学习课。小学阶段每学年的综合学习

---

① 杨静. 新世纪以来日本基础教育课程改革及其启示[J]. 河北师范大学学报（教育科学版），2014，(3)：61-67.

时间安排为105～110个学时，初中综合学习时间安排为70～130个学时。2002年实施的新《学习指导要领》继续明确强调培养学生的生存能力，再次阐明了学校教育要重视自主学习、自主思考能力的培养，基础知识和基本技能的巩固，以及学生个性的发展①。2008年颁布的新课程标准——《学习指导要领》，将培养学生的生存能力定为日本义务教育的基本目标。生存能力为促进学生全面发展，其内涵实际包括德、智、体、美、劳等方面综合素质，是日本21世纪课程目标的综合体现。在培养学生基础知识和基本技能的过程中将学校教育、家庭教育及社会教育紧密地联系起来。日本21世纪的课程改革原则是：贯彻加强基础知识和基本技能教育的方针，精选教育内容；注重综合学习，促进知识的横向联系；调整、合并现有的课程，重新构造未来课程体系②。例如，国语课中的生存能力课程目标表述为适应信息社会的不断变化要求，培养学生表达能力、理解对方立场及观点的能力；社会课要求学生理解社会中存在的各种关系，包括人与人、人与自然环境、人与社会制度等。

3. 课程内容——从删减课时、降低难度到提高课程难度、增加内容和时间

2002年，随着新《学习指导要领》的出台，日本进行了课程内容的变革。由于实行五日制学校，势必造成日本课时和课程内容的量的减少，在新《学习指导要领》的指导下，日本将以前的“精选教育内容”改为“严选教育内容”，全部内容削减30%。同时，为了开阔学生的视野、适应国际化、培养学生的生存能力，增加了综合学习领域，从小学三年级起设综合学习时间，开展超越科目范围的横向综合教育。初中阶段，增加了选修课的节数，在高中阶段要求减轻学生负担，规定减少必修课的节数、增加选修课的节数，降低毕业要求，将原来毕业要求不低于80学分的标准降为74学分。但是此项课程改革很快就遭到社会质疑，他们通过学力调查发现，小学生的学力水平低于世界上其他许多国家，很大一部分大学生甚至连分数计算都不会。因此，停止实施了新《学习指导要领》，进行了新一轮的课程改革。2006年，日本中央教育审议会联合发布的《审议经过报告》中指出，自2002年4月以来实施新《学习指导要领》，不仅没有达到教育目标，过度宽松的教育反而造成日本学生在国际上出现了学力下降的现象。2008年2月

① 李协京. 从基础教育课程改革看日本注重发展个性的教育[J]. 比较教育研究，2002，(12)：234-238.
② 王智新，潘立. 日本基础教育[M]. 广州：广东教育出版社，2004：22.

15 日，文部科学省依据 2006 年修订的《教育基本法》颁布了目前日本最新的《学习指导要领》，在继续培养生存能力基础上又重新重视基础学科和基本知识。从 2011 年开始，日本小学生 6 年的总课时将达到 5645 节（每节课 45 分钟），比此前的 5367 节增长了 5.2%。初中生 3 年的总课时将达到 3045 节（每节课 50 分钟），比此前的 2940 节增长了 3.6%。作为“宽松教育”代表的综合学习课将被缩减课时，而日语、数学、外语、科学和社会课的课时将增加 10%。科学和数学的课时更是分别增加了 33%和 22%。同时，课程内容增多，教材变得更厚①。

4. 课程实施——富于弹性化

本着强调统一标准和发展地方、学校课程相结合的原则，日本的课程实施显示出很大的灵活性。日本鼓励各个学校和地区设计富有特色的地方课程，积极发挥地方和学校的课程自主权，特别是在选修课的设置和综合学习的内容方面，更是要发挥地方自主的权利，开发一些反映当地特色的地方课程，并且根据需要灵活配备课时。在整个课程管理的方式上，倡导一种以“自上而下”为主，以“自下而上”为辅的课程管理模式，对国家指令性的课程进行宏观管理，对课程计划内指导的课程则是彻底放下权力，由地方和学校因地制宜地开设课程，保证地方和学校课程建设的积极性和创造性，制定适合地方和学校个性的课程。在课程的实施与管理方面，日本政府明确肯定了地方的作用。2006 年《教育基本法》规定：“地方政府为了振兴当地教育，必须综合制定实施教育政策”，“中央政府以及地方政府必须采取必要的财政措施，确保顺利持续地实施教育”②。日本的课程形成了中央、地方、学校、家长共同参与管理的局面。同时，课程的弹性化也体现在教师和学生享有对课程内容的选择自主权方面：在小学阶段，积极引入课题选择的学习；在初中阶段，按年级逐步扩大选择范围；在高中阶段，则以学生的选择为基本，将必修课内容减到最小。

5. 课程设置——多样化、个性化、弹性化

课程方案将小学的课程分为学术科目、道德教育和特别活动三大领域，学术科目包括国语、社会科、算术、理科、生活科、音乐、画图手工、家庭科、体育。各科目根据自己课程的特点，建立了独具特色的课程体系。另外，日本高中还设置了一些与学科课程相联系的职业类课程，如“人间福祉”除设置学术性课程外，

① 李茂. 日本颁布最新《学习指导要领》宽松教育即将谢幕[N]. 中国教师报，2008-02-27(5).
② 臧佩红. 日本近现代教育史[M]. 北京：世界知识出版社，2010：382 .

还设置了家庭综合、基础看护、儿童心理等科目；“综合科”设置情报、簿记、情报处理、文书、伦理数学演习、艺术探究等专门课程；“京都国际科”则设置了英语理解、英语表现、国际理解、综合英语、国际政经等课程①。这些课程在保证学生获取基本知识的同时还为学生将来的职业与生活打下基础，丰富多样的课程对实现学生的全面发展具有十分重要的作用。日本高中课程的一大特点就是为学生设置了众多的选修课，如儿童文化、书道、音乐、美术等，照顾了学生不同的兴趣爱好，满足了他们在不同领域学习知识的需求。五日制学校使学生拥有更多课余时间学习自己感兴趣的知识，这些都体现了日本的课程设置富于个性化。2008年的《学习指导要领》增添了之前被删除的课程内容，2009年修订的《学习指导要领》在添加课时的同时还添加了以前未涉及的新内容，例如，新增涉及离子的化学反应及有关梯形面积计算公式等内容，使学生知识面进一步扩大，更大程度地满足学生获取不同知识的愿望。

6. 课程结构——重视均衡性与综合性，趋于合理化

学术科目、道德教育及特别活动为日本基础教育课程的三大领域，后来又增设了综合学习时间，变为“四领域”。各个学科涵盖了目前日本各学校设置的学科课程，如国语、社会、数学、理科、外国语等。以文部科学省2002年版的《幼儿园、小学、初中学习指导要领案》为例，道德教育和特别活动在日本中小学所占的课时数为34～35课时，占课时总数的比例为7.1%～8.7%。在中学阶段，日本设置了大量的选修课来降低必修课的课时总量，实现必修课与选修课的完美结合，从而起到丰富学生知识的目的。按照日本《学习指导要领》的规定，普通教育学科和专门教育学科中都须配备一定的选修课供学生自由选择。在重视学术课程的基础上，《学习指导要领》还强调对非学术性课程也应当予以重视，学生要在农业、工业、商业等13个领域中学习一定的职业类课程，学校可以自行编排本校的职业类课程，以及确定该课程的标准学分。2003年《学习指导要领》设置了综合学习时间。整体上，表现出必修课程与选修课程结合、学术型课程与非学术型课程结合及重视活动课程等特点。

（三）英国基础教育课程突出“交叉”的改革

英国是以“绅士教育”著称，他们的“绅士教育”在基础教育中有无体现？

① 刘春修. 日本高中的个性化课程设置[N]. 中国教育报，2007-03-26(8).

他们的课程设置与课程改革有何特殊性？

1988年，英国议会通过了《教育改革法》，以法令形式规定了“全国学校课程”，要求所有公立学校必须为5～16岁的中小学生开设10门课程。其中3门为核心课程：英语、数学和科学；7门为基础课程：技术、历史、地理、现代外语（从中学起）、美术、音乐和体育。英国全国学校课程管理局一再强调这10门课并不等于学校的全部课程，各学校应作出自己的计划，向学生提供一份真正的完整课程。各学校还需要做以下三个方面的工作：①添加某些课程，如贯穿道德、行为规范及信仰教育的宗教课，在基础教育后期为学生开设一些帮助他们进一步增长兴趣、知识及技能的选修课；②各学校要大力开展与课程有机、系统结合的课外活动，给学生提供应用所学知识的机会，从而提高他们的实践能力和与他人合作的能力，以及对新环境的适应能力；③在课程设置计划及具体教学进程中，贯彻交叉课程要素。什么是交叉课程要素？学校所开设的每一门课都有自己独特的内容和进展程序，但它们又不是各自孤立和相互隔绝的。它们都是学校完整课程的一部分，都要服从完整课程的总体目标及要求。

英国在基础教育中，特别强调“交叉”，各学校要明确交叉课程的范围、技能和主题。交叉课程范围，是指要保证为所有学生提供平等的受教育机会，要帮助所有孩子充实他们的潜在能力以适应未来成人生活的需要，这与他们的性别、社会与文化背景，以及先天的身体、智力状况无关。换句话说，这意味着学校教育要贯彻性别平等、种族平等及对残疾学生特殊需要的考虑，意味着保证全体学生都能接受完整课程。

不但要有交叉课程，还要有交叉技能。交叉技能是指各门课程都涉及的、需要培养和发展的一些基本技能，如交流技能、数学技能、解决问题的技能、学习技能、处理个人与社会关系的技能、信息技术技能等。这些技能可以独立于教学内容，但又需要在所有课程的不同部分得以发展。为此，在各科教学中，应采取有效方法，通力合作，通过有计划的教学途径和适当的考核，保证这些基本技能的发展。

在交叉课程、交叉技能的前提下，又强调了设置交叉主题。交叉主题是指在所有课程的教学中应贯穿的主题，有5个主题是经常出现的：①对经济与工业的理解。对于一个高度工业化的经济社会，每个学生在他的一生中，都将面临各种各样的经济问题，需要作出正确的抉择。②职业教育与指导。职业教育与指导最为首要的目的是帮助学生开发自我意识，正确认识自己。③健康教育。教育的首要任务是使青年人具有强壮的体魄和健康的思想，使他们逐步认识并理解自己对社会应负的责任。④公民教育。明确成为一个积极参与型公民的重要性，激发其参与动力，帮助学生懂得并获得一些必要的信息，在此基础上发展他们作为未来公民所应具备的技能、素质与态度。⑤环境教育。要提倡对环境积极负责的态度。学校的环境教育要增强学生对环境变化过程的认识与理解，使他们认识到各种环境的质量与不足，帮助他们确认保护与管理环境的机会。

英国基础教育课程改革值得我国借鉴的地方比较多，本书认为以下几点值得思考。

1. 讲究质量、效率与公平的课程改革目标

1994 年，英国政府在 1988 年教育改革的基础上实施了新的中小学课程改革，强调的是基础知识的教育。目标共 8 个，其中 4 个涉及基础学习方面，另外 4 个涉及终身教育方面。工党执政后，大力推行“第三条道路”，在保证质量的基础上，更加强调公平和效率。2000 年英国政府通过调研，作了充分的准备后，提出了基础教育新课程改革，其中包括一个总体目标和四个基本目标。总体目标是为了迎接 21 世纪的挑战，为提高全体学生的教育成就水平，为使学生的道德、文化、智力和体质得到全面发展，为把学生培养成健康、有活力、有探索力的新一代。基本目标包括：促进精神、道德、社会和文化的发展；加强健康教育和公民教育；发展学生的各项基本技能；促进其他方面的发展。在政策上，也倾向于公平与民主的教育。如《儿童计划：构建更加美好的未来》（*The Children's Plan: Building Brighter Futures*，2007）旨在为英格兰地区的儿童营造世界一流的教育与成长环境。《你的孩子，你的学校，我们的未来：建立 21 世纪的学校制度》（*Your Child，Your Schools，Our Future：Building a 21st Century Schools System*，2009）白皮书在保证教育经费正常的投入外，鼓励学校间的合作，使经费流向处境不利的学生群体。这些都表现出重视学生的全面发展，包括对学生的公民教育，强调基础教育质量和教育机会均等，重视学生的终身学习能力，为未来的生活作准备的教育目标。

2. 趋于现代化、综合化和终身化的课程内容

“当今存在着一个世界舞台，无论人们愿意与否，每个人的命运在一定程度上都在这个舞台上决定。全球在经济、科学、文化和政治方面的相互依赖关系正

日益加深。”[①]为了响应这个要求，英国2000年的基础教育新课程改革中加入了公民课程，将“信息技术”更名为“信息和交流技术”（ICT）。自2002年8月起，公民课程被纳入11～16岁学生的法定课程之中，其主要目的是帮助学生理解他们在现代民主社会中的角色和责任感[②]。不再将现代外语作为14～16岁学生的必修课程，以便于学生有时间开展自主性的社会体验学习。2007年将个人、社会与健康教育课拆分成个人幸福、经济福利与理财能力这两门课，并随后进行了修订。同年，英国发布了一份基础教育课程改革报告《2020愿景：2020年教与学评议组的报告》，报告要求课程需适应每个学生的需要，教学方式应该多样化，加强学生的个性化学习。即强调课程内容要与生活实际联系，为学生日后的生活和学习作准备。并且在《儿童计划：构建更加美好的未来》中指出，“汉语将于2014年9月之前被列为小学三年级学生的必修课等”[③]。英国基础教育课程内容的日趋现代化、综合化，注重学生的终身学习能力的习得与提高，与他们的“绅士教育”是吻合的，并且进一步发展了“绅士教育”。

3. 国家规定核心课程体现国家意志的课程结构

1988年《教育改革法》就规定国家课程共10门，并且细分为核心课程和基础课程，即数学、英语、科学3门核心课程，现代外语、历史、地理、美术、音乐、体育和技术7门基础课程；规定公立学校必须让学生做集体礼拜，并进行系统的宗教教育[④]。如果说1988年的教育改革开创了英国基础教育实行国家课程的先河，那么接下来的基础教育课程改革都是以国家课程为纽带，实现课程之间的沟通和综合平衡而进行的。2000年基础教育新课程改革中，基础教育课程的结构基本没变，核心课程即数学、英语和科学三门课程，基础课程包括信息和交流技术（ICT）、现代外语、宗教教育、历史、地理、美术、音乐、设计、艺术、体育、公民等。此外，升学与就业指导、人格培养、健康教育都作为横跨各门学科的学习主题。社区活动、劳动体验等活动课程也被纳入学校课程体系。在统一课程的基础上，鼓励学校自主开设选修课，即学校课程。2007年资格与课程局（The Qualifications and Curriculum Authority，QCA）公布了新一轮的国家课程。此次对第三学段（11～14岁）的12门核心课程和基础课程都进行了修订，包括设计和

---

① 联合国教科文组织. 教育——财富蕴藏其中[M]. 北京：教育科学出版社，1996：23.
② 祝怀新. 英国基础教育[M]. 广州：广东教育出版社，2004：64.
③ 张楠. 新世纪以来英国基础教育课程改革及其启示[J]. 河北师范大学学报（教育科学版），2014，(3)：68-75.
④ 王青汉. 英国基础教育改革值得借鉴的几个特点[J]. 基础教育，2009，(9)：18-21.

技术、艺术和设计、英语、历史、地理、体育、音乐、信息与交流技术、公民、数学、科学、现代外语。之前的个人、社会与健康教育课拆分成个人幸福、经济福利与理财能力两门课。也对第四阶段（14～16 岁）的公民、信息与交流技术、体育与宗教、英语、经济福利、个人幸福等课程大纲进行了修订与开发①。2010 年，卡梅伦联合政府发表的《教学的重要性：学校白皮书 2010》中，也对国家课程的改革进行了相关的说明，强调国家课程重视的是基础知识和基本技能的掌握。

英国还以考试评价改革来保证全国统一课程的实施达到期望水平。1988 年，英国全面推进了全国统一考试。为解决统一考试与评价中出现的难管理、缺乏信度等问题，英国政府 2000 年重新确定了国家课程各年龄段所要达到的目标，并设立了关键阶段末的测试。国家课程评价是对 5～14 岁年龄段的学生学习国家课程状况的评价。根据英国对义务教育的划分，这一年龄段的学生处于关键阶段 1、2、3。关键阶段 1、2 的测试分别面向的是 1～3 年级与 3～5 年级，测试方法主要是纸笔测试，关键阶段 3 结束时的科学与数学有多种类别的试卷可供选择。所有学生在前三个阶段学习结束时，都要参加全国统一考试（SATs）。第四阶段学习结束后要参加“中等教育普通证书”（GCSE）考试（15～18 岁），GCSE 试卷也有不同等级难度划分。成绩较好的学生可以选择在本校或者其他招收 12、13 年级的学校或学院继续学习 3～5 门课程，2 年后参加升入大学的“国家普通职业资格”（GNVQ）考试，或者“高级水平普通教育证书”（A-Level）考试（16～19 岁）。2005 年，英国教育和技能部公布了《14—19 岁教育和技能白皮书》（*14—19 Education and Skills White Paper*）②。教师评价也被纳入国家课程评价体系当中，教师评价包括测验、平时档案和成绩记录。

（四）德国中小学特色课程设置及实施

德国的基础教育颇具特色，可以说在世界上独树一帜。当前，更为灵活的课程设置与课时分配成为德国课程改革的总体趋势。德国各州历来享有中小学课程设置与课时分配的自主权，但近年来联邦也加强了对中小学课程设置的引导和监督，努力协调课程设置的基准，提出加强中小学课程的基础性和实用性，为学生后续课程的学习及未来生活提供良好的储备。作为共同的基础，德国中小学内包括以下学科：德语、数学、宗教、艺术（美术）、音乐、英语（法语）、体育、物

① 张楠. 新世纪以来英国基础教育课程改革及其启示[J]. 河北师范大学学报（教育科学版），2014，(3): 68-75.

② 同①。

象教学（常识、自然与常识）、手工、促进或综合科目①。

德国课程的创新，给我们的启示很大，他们的创新体现在以下几点。

1. 具有衔接性和宽广性的物象课程

德国于 1920 年 4 月 28 日通过《基础学校法》，建立了划一的初等教育机构——四年制的基础学校。自此，在德国小学，理科教育从未单独设科，一直采用将几个科目综合在一起的合科教学形式。合科教学的科目，在 20 世纪 70 年代以前称作乡土课或乡土常识，20 世纪 70 年代以后称作物象课。由乡土课变为物象课不单是改变名称的问题，而是对初等理科教育内容做了重大改革。德国小学的物象教学包括物理、化学、生物、气象、技术、性教育、社会学习、家政学、地理学、交通安全等方面的内容。课程内容在横向范围内让学生了解自然界是统一的整体，以及自然界各种事物之间的依存性，打破森严的分科壁垒，按学生的心理顺序，考虑学生的需要、兴趣和能力来组织自然科学知识和教学活动，培养学生的科学素养和统整人格。在纵向上这些是中学所需开设的课程。物象课的开设在课程设计上注意到各阶段课程间的衔接，较好地体现了继续性及程序性，无疑为以后中学的理科学习奠定了良好的基础。物象课的宽广性表现在由以前单纯的自然科学的教学内容扩展到自然科学和社会科学等领域。物象课的教学内容全国没有统一的规定，虽然各州的物象课教学大纲是多种多样的，但主要内容分为自然科学和社会科学两部分。各州物象教学内容概括起来可分成三种模式②：

1）单科式。譬如在北莱茵-威斯特法伦州，该州物象课的内容包括物理学、气象学、化学、生物学、技术、性教育、社会学习、家政学、地理学、交通安全教学等。这种分类是和中学开设的课程相对应的。如物理学和气象学课程的任务是：探究并认识关于自然的各种问题，理解周围的事物，以便掌握有关现象的初步理论知识，并在探究的过程中获得理解问题和解决问题的方法。

2）跨学科式。这是将物象教学内容大体分成自然科学与社会科学的模式。它的内容基本上是针对每一个学生的学习前提和要求，从学生的经验世界中选取事实构成的。例如，巴登-符腾堡州的物象课，从学生的生活现实出发，将内容分成经验领域和活动领域两个部分。有关自然现象的题材归入经验领域，其题目有空

① 冯生尧. 课程改革：世界与中国[M]. 广州：广东教育出版社，2004：246.
② 汪霞. 国外中小学课程演进[M]. 济南：山东教育出版社，2000：492-493.

气和声、水、热和光、游戏与装配、电流、环境、气象、植物、人类等。在整个4年中，有的题目只有2～3个学习单元，甚至电流、气象等只有一个学习单元。活动领域包括的题目有：家庭、居住、学校、工作、休闲、服务、消费、大众媒体、政治、交通。

3）综合式。这是着眼于学生的生活现实的复杂状况来编制内容的模式。如萨克森自由州物象课的内容构成是：①人类的共同生活——人类及其作用，信息交流；需求、愿望及权利；人与工作的关系；人的判断与评价；公共设施；人与不变及变化之中的社会。②人类与空间——人类征服空间；人类出于经济利益而改变景观；人类创造居住和休养设施；人类必须保护生活基础。③人类存在的安危——人的身心需求；身体器官及其使命；紧急的危险与缓慢的危险；危险的解救；交通行动；性教育。④自然现象及其关系——气象；环境中的生物；生态系统；生物演化；环境的变化过程；力的作用与利用；电能的作用与利用。⑤人类与技术——日用品；建筑物；自然装置；机械及交通工具。

2. 具有科学性、活动性和生活性的创新性常识课程

常识课是德国基础学校的主要教学科目。设置常识课的目的是使儿童认识周围世界，了解人类共同生活的形式，初步了解科学、技术对人类生活的影响。内容相当广泛，包括自然、社会、交通安全和家庭伦理等方面的常识教育。传授知识和方法成为常识课的自身目标[①]。其实，对于学生来说，常识课的学习更需要活动和交往，他们需要与熟悉的和陌生的人交往，参加探索活动、交通活动，接触新闻媒介。通过活动和交往，获取经验、掌握方法、善于发现问题、学会提出问题，达到对现实生活中自然、科技、社会现象及其意义、关系、作用的理解认识更加深刻这样一个目标。

德国创新常识课体现在，一是强调课程的科学性，即通过该课程的学习，使学生从对现实生活现象的受一定条件限制的、主观的理解看法逐步过渡到获得普遍有效的观点的看法，激励学生尊重事实地发现和解决问题，引导他们去获得可传授的、可检验的、相互协调一致的认识、观点和方法。通过面向科学，重视发展儿童的取向能力，使其主动地参与生活，而不只是适应生活。二是强调课程的活动性，常识课不仅涉及事物，而且应始终涉及人，人的行为，以及人的行为对他人和自然、对被改造了的环境、对精神和文化财富、对文化价值所产生的影响

① 汪霞. 国外中小学课程演进[M]. 济南：山东教育出版社，2000：510.

作用。活动是学习的基础，是培养学生正直、责任感、批判能力的基础。通过常识课教学使学生在活动中获得经验，促进对具体的一般关系的理解，从游戏活动、直觉活动发展到有意识的行为。三是强调生活性，现实生活世界是学生获取知识、经验、理解与认识的大课堂。那些客观世界的具体的直观的形象、生活的直接经验及行为交往等，对于常识课的教学及效果都具有根本性的意义。

3. 具有综合性和操作性的劳动与技术课

面对企业对毕业生的批评，德国教育界意识到他们要面临教育的各种挑战。经过充分讨论和协商，各州文化部长达成如下共识：成长起来的一代生活在这样一个时代，这个时代被高速发展的技术、经济打上了民族化和国际化的烙印，这种状况让人们重新肯定工作和职业的意义。所有年轻人都必须及时对生活条件做好思想准备。这就产生了劳动与技术课的目的，中学生就要开始准备适应工作的要求。工作具体来说就是职业工作，处理个人事务及除了职业工作之外的其他活动。在这个框架范围内，年轻人必须具备责任感，有自主地从事社会工作的能力，掌握技术、经济、家政及职业方面的基础知识及能力，还要培养评价和处理能力，以把握越来越错综复杂的生活。由此出发，劳动与技术课涉及的就不仅是劳动与技术，还应包括劳动与经济、劳动与家政、劳动与职业，尤其要重视劳动与技术课的"操作段"。"操作段"的教学内容除已有的电子、金工、木工、财会、塑料加工、电器等必修和选修类内容外，还须加强家政、办公技术、职业指导方面的活动①。人主要存在于工作和生活中，即生产和消费（生活）中，学习家政就是掌握怎样生活。家政活动中既要有烹饪，也要有怎样持家、家庭美德、理财、营养搭配、卫生保健等。办公技术主要是计算机操作，在现代社会里，计算机操作是求职的基本条件。因此，不仅要会操作，还要注意技术的先进性。职业指导活动旨在使学生了解社会的职业类型、这些职业的发展前景，并使学生掌握求职的技术和对付失业的策略。

4. 具有个性化和人文化的特殊促进课

德国设置了富有特色的促进课。促进课在有的州也称为促进教学，其目的一方面是在短期内消除班级教学中每个学生或学生集体所表现出来的学习困难，另一方面在班级教学中为学有余力的学生扩充教学内容。为差生实施的促进教学主

① 汪霞. 国外中小学课程演进[M]. 济南：山东教育出版社，2000：563-564.

要考虑：①以小组教学激起每个学生更强烈的学习动机；②增加观察机会，丰富感性认识；③增加实验和操作的机会；④放慢进度；⑤频繁的训练和反复等。为具有学习潜力的学生实施的促进教学主要考虑：①提高抽象的程度；②加快作业的速度；③在独立性方面提高要求。学生彼此之间差异甚大。他们具有不同的能力、兴趣、家庭背景、学习方式，特殊的促进课就是试图通过对不同程度的学生进行个别教学，照顾到每个学生的个性特点和能力差异，有利于学生在各自的基础上健康成长。个性化课程的形式很多。德国各小学常采用的形式是独立学习、补偿制度、分组学习、不分级制度等。此外，亦可采用如下形式[①]：①安排课程分轨措施。如语文的学习可以分成三轨即古典语文、现代语文、本国语文。数学可分成数学I、数学II。亦可把几门主要课程分成荣誉轨（适合于能力较强的学生）、普通轨（适合于准备升入中学，但却不适合就读荣誉轨的学生）和基础轨（适合于节奏慢、能力弱的学生）。但各轨均为开放式的，以激励学生不断进取。②提供"迷你课程"。在某些学习领域，设立几周至十几周的"迷你课程"，供学生选择修习之用。一方面引发学生的学习兴趣、开阔知识视野，另一方面协助他们发现自己特殊技能的方式。如英语课可代之以"字母世界""英语歌曲欣赏""童话趣说""生活礼节"等一系列迷你课程。自然常识课亦可变为"文明的摇篮""伟大的发明家""昆虫趣事""关于你的奇妙故事"等迷你课程，供学生选择。③运用开放教室。即通过改变环境，协助学生学会自己思考、使用学习材料与课本、从事活动，以便发现自己所需的知识。这种环境应具有三个方面的特征。第一，重视学习环境的充实。如为学生提供一个具有刺激作用的学习环境与活动教室；安排各科兴趣中心；教室配置足够的学习材料、学习工具。第二，运用弹性课表进行学习。某些内容的学习，学生可根据需要与可能，自由运用时间从事学习。学生能彼此交谈，必要时亦可转移教室，不必限于固定的学习环境。第三，教师不仅是知识的传授者，还是学生学习的指导者、参谋、咨询者和助手。

（五）俄罗斯基础教育课程的继承与变革

谈到俄罗斯的教育改革问题，必须先回忆一下苏联的教育理论。凯洛夫教育学，以及整个苏联教育，特别强调给学生传授系统的知识。他们批判杜威实用主义教育，认为实用主义教育不能给学生以系统的知识。20 世纪 30 年代，苏联最高领导层做出了一系列决定来纠正 20 世纪 20 年代的错误。其中最有名的，也常

① 汪霞. 国外中小学课程演进[M]. 济南：山东教育出版社，2000：575.

常被中国教育理论界所引用的是：1931 年 9 月 5 日《联共（布）中央关于小学和中学的决定》，1932 年 8 月 25 日的《联共（布）中央关于中小学教学大纲与学校制度的决定》，1936 年 7 月 4 日《关于教育人民委员部系统中儿童学的曲解》。以上三个文件从不同的角度强调学生掌握系统知识的重要性，在他们的教育实践中强调儿童要尽早学习分科知识。苏联时期，小学阶段学习年限只有四年，五年级进入初中阶段，就开始分科学习。同时，特别强调教师的主导作用。凯洛夫认为："教师本身是决定教学的培养效果之最重要的、有决定作用的因素。"虽然他也主张"学习是学生自觉地与积极地掌握知识的过程"，但是他又认为，"教学的内容、方法、组织之实施，除了经过教师，别无他法"①。因而确定了教师在教学中的权威性、主导性。以凯洛夫教育学为代表的苏联教育学，力图以马克思主义的唯物辩证法作为教育学的哲学基础，批判地吸收了历史上哲学家、思想家和教育家的各种教育思想，形成了自己的"苏维埃教育学"的理论体系。但从根本上来讲，这个体系实际上没有摆脱赫尔巴特理论的影响。它强调的是学科中心、课堂中心、教师中心，与杜威的实用主义教育思想是相对立的。

苏联解体，东欧剧变后，俄罗斯等国家的教育理论是什么样子呢？笔者及同事求教了北京师范大学俄罗斯教育问题的研究专家，他们认为，苏联的教育理论尤其是以心理学家们为基石的教育教学理论并没有被抛弃，虽然很多西方的理论与思潮涌入，但年轻一代纯欧化的教育学理论流派没有形成，起码远不占主流。即便在近年新出版的一些教育学著作里，老一辈教育思想家们的名字仍被频繁提及。虽然西方的东西被更频繁、更铺张地引用进来，但不见得就真能形成与传统派的势均力敌的对立。毕竟现在被尊为老一辈德高望重者仍是苏联体制培养出来的。例如，目前在基础教育领域，实践教育学方面，达维多夫的学习活动理论的影响仍相当大。在笔者与俄罗斯、乌克兰等学者交流时，发现俄罗斯、乌克兰等国家的基础教育与西方国家明显不同，他们仍然沿用苏联的教育体系。同时也发现，在这样的理论指导下，俄罗斯的课程改革具有明显的学科中心指向，同时他们又受"新思维"的影响，也有人文主义倾向。国内有学者发表过与这个观点相反的意见，尤其是对凯洛夫的评价，认为他不是学者，不是教育家，是"国民教育的组织者"，有的俄罗斯学者根本不知道凯洛夫②。

① 李学书. 求同存异：杜威和凯洛夫教育思想的比较与启示[J]. 外国中小学教育，2011，(3)：49-52.
② 杨大伟. 凯洛夫《教育学》：斯大林意识形态的教育代表作[J]. 全球教育展望，2007，(8)：13-19.

1. 课程理念：以人为本，公平平等

2000 年 4 月 10 日颁布的《联邦教育发展纲要》是普京升任俄罗斯总统后签发的第一个教育文件。《联邦教育发展纲要》指出，“纲要的主要目的，是在俄联邦所宣布的教育优先的基础上，使教育系统的发展有利于造就和谐发展的、有社会积极性的、有创造性的个人，并使教育系统成为经济和社会进步的因素之一获得发展”①。21 世纪首份教育改革文件直接确定了俄罗斯教育的基本理念和教育现代化的大方向，可以清晰地看到，21 世纪俄罗斯的教育理念就是以人为本，根本目的就是造就“个人”，通过人的全面发展来促进“经济和社会进步”。俄罗斯转向民主化的社会及创新型经济，落实到教育上，就是培养现代化的人，这就从根本上改变了苏联时期教育以国家为主的教育理念。俄罗斯人性化的教育理念体现在课程改革的方方面面，确定了民主化、人性化的课程目的，并以法律形式肯定了此价值观取向。另一个课程理念就是要保证俄罗斯公民基础教育的公平与平等。《联邦教育发展纲要》的一大重要任务就是要确保所有公民接受高质量教育的平等机会，建立俄罗斯各联邦主体之间统一的教育空间。俄罗斯地域辽阔，贫富差距悬殊，各联邦主体自行发展教育，势必会导致教育不均衡发展。新课程标准的出现，旨在规定俄罗斯国家课程标准，改善受教育机会不等、教育质量不平的教育不公现象，保证全俄罗斯基础教育高质公平的发展。

2. 课程目标：全面协调，循序渐进

俄罗斯传统的教学目标是以知识为本位的，把系统的社会科学知识看作教学的全部内容，其实质就是追求认知性的教学目标，培养学生的认识能力，忽视情感、个性等非认知目标。传统教学模式下的学生学习兴趣不佳，个性被压抑，无法适应 21 世纪社会政治经济的发展。马克思认为人是完整的个体，强调人的全面发展，认为全面发展包括“智力和体力的全面发展”和“个人、自由、充分的发展”两个方面。赞可夫认为知识的教学不代表人的发展，教学要促进学生个性的所有方面的发展。21 世纪的俄罗斯继承了苏联优秀的教育成果，将人的全面发展作为首要目的。例如，初等普通教育（小学）国家标准的总体目标为注重个性与能力：促进学生的个性发展，培养学生的创造力和对科学的兴趣，形成学习愿望和能力；培养学生的道德感和美感，培养对自己和周围世界的情感、价值态度和

---

① 王义高. 俄《联邦教育发展纲要》的要点分析[J]. 比较教育研究，2002，(1)：31-36.

立场；掌握系统知识、能力和技能，完成各种活动的经验；保证学生的身心健康；支持学生的个性发展；帮助学生优先形成基本能力和技能，为以后的学习打下基础。基础普通教育（初中）国家标准的总体目标为认识世界、认识自我和自我确定：使学生在获得知识、能力、技能和实践方法的基础上形成对世界的总体认识；获得各种实践的经验、认识和自我认识的经验；选择受学术教育或是职业训练并为之做好准备。中等（完全）普通教育（高中）国家标准的总体目标是成长为现代社会合格公民：培养公民责任和正确的自我意识、精神和文化、独立性、创新精神和社会化意识；因材施教，根据高年级学生的能力、倾向和要求，利用机会应用个性化教育项目培养学生；保证受教育者将来的职业教育和职业活动的平等机会，包括考虑劳动力市场的需要①。从各阶段的总体目标可以看出，上述标准从学生主体出发，建立了全面系统的课程目标体系。从横向来看，注重学生获得全面发展。每个阶段的课程目标都涉及三个方面，包括知识技能、情感态度及个性发展，学生的发展性课程目标贯穿于整个教育阶段。从纵向来看，根据学生身心发展特点循序渐进地设置课程目标。从小学到高中，依次为培养学生的个性与能力、认识世界和自我，以及成长为社会公民。在学生能够理解的基础上，从小我到大我，逐渐加入课程人文性、世界性和公民性的价值取向，以完成学生个性的全面协调发展。

3. 课程内容：人文关怀，务实应用

新课程标准对各课程内容做了以下修改：教育理念转向语言与交流能力的发展，大幅提高此课程比重——在高年级开设俄语必修课，从小学二年级起开设外语课；加强文学课程的道德情操和审美功能，更新教学内容；数学首次要求学习概率和统计理论要素；信息和信息技术课有理论和实践相结合的特点，为保证计算机知识技能的普及，自小学二年级开始学习；自然课要加强应用性和实用性，要求高年级学生能够整合应用自然知识；生物课显著增加关于“人”的知识，包括人的身心健康问题、健康的生活方式和生态问题等；地理课从分别学习自然地理和社会经济地理转向整合；历史课充分展开历史文化视角，突出历史进程中人的作用；艺术学科提高课时比重，在一至九年级为必修课，在高中为选修；首次要求社会科学学科的内容在学校教育各阶段不间断地学习，在高年级基础水平和专业水平都具备的条件下开设经济和法律专门课程；首次在所有学习阶段开设综

① 白美玲. 当代俄罗斯基础教育课程改革研究[D]. 上海：华东师范大学，2006：12-15.

合活动知识、技能和能力课程[①]。从新课程标准课程内容的变化来看，俄罗斯基础教育阶段课程体现了两大特点。一是课程内容注重人文关怀。改革后的俄罗斯课程非常重视课程的人文化，将人文课程与科学课程有机融合。当代俄罗斯认为苏联时期的课程内容充斥着“无产阶级意识形态”，使学生形成“共产主义世界观和道德面貌”，国家决定课程内容，目的是为统治阶级培养人才，控制着学生的思想和行为。普京认为共产主义下的苏联获得了很大的成就，但是也要认识到忽视人民的危害[②]。因此在新课程中明显加大了人文学科的比例，同时赋予科学课程人文目标。通过人文学科和科学学科的学习，使学生了解自我、了解俄罗斯文化和世界，成为真正的“理解者”，形成积极的情感态度，从理解个人的小生活到理解大我的社会和世界生活。二是课程内容侧重务实性。新课程标准下的课程与时代、生活紧密联系，适应当代社会的新要求。例如，小学开设“周围世界”课，通过这门自然科学综合课让学生了解人的生命活动与周围世界的相互联系。小学二年级就开设信息和信息技术课，为今后的学习打下基础。初高中增设通识教育（经济和法律）课、生活安全课和自然科学课等，整个课程体系都体现了务实性，关注学生生活和社会需要，及时更新课程内容，为学生未来选择生活和职业的道路做充足的准备。

4. 课程设置：负担合理，侧重专业

（1）学生负担合理化。减轻学生学习负担是俄罗斯课程改革面临的一大问题，俄罗斯采取了两个方面的措施。一方面，延长基础教育年限。俄罗斯一直致力于将普通教育的 11 年学制延长至 12 年，前 10 年为义务教育阶段，后 2 年为专业式教育阶段，为学生接受高等教育和选择职业做准备。另一方面，规定普通教育基础教学大纲必修内容的最低标准、学生学习的最高负担量及学习时间标准。例如，最低必修内容包括民族和世界文化的基本价值与成就、重要的科学理念和事实、普遍的人类世界观；保障学生的社会化、智力和文化发展，以及社会知识和功能的形成；国家普通教育规定的标准完整教学时间：6 天工作日为 11 500 学时/年；5 天工作日为 10 500 学时/年[③]。

（2）高中侧重专业化。在教育现代化的推进下，俄罗斯实施高中阶段侧重专业化教学的教学方式。2002 年《侧重专业式教学的构想》明确提出此教学方式的

① 石少岩. 俄罗斯普通教育国家标准研究[D]. 北京：首都师范大学，2007：38-42.
② 张男星. 试析俄罗斯课程内容和评价手段的变化[J]. 俄罗斯研究，2006，(1)：75-78.
③ 高欣，叶赋桂，赵伟. 俄罗斯关于普通教育标准的争论[J]. 清华大学教育研究，2005，(6)：73-77.

四大目标：①保证深入学习完全中等普通教育大纲的一门或几门科目；②创造条件实现高年级学生教学内容的区别化和个性化；③在受教育机会平等的前提下，尽可能满足学生不同的个性需求；④保证普通教育和职业教育之间的衔接性，使中学毕业生尽可能多地了解高等职业教育大纲的内容。为此专业化教学设置了三类课程：必修的普通教育基础课程、必选的侧重性专业课程和任意选修课程，所占的比例分别为 50%、30%和 20%[①]。2011 年《俄罗斯联邦实施统一教育大纲学校的联邦基本教学计划和示范教学计划》又对侧重性专业课程做了细致划分，共有 38 个专业类型，包括普通类中的物理数学、物理化学、化学生物、生物地理、社会经济、社会人文、语文学等，也包括技术类中的信息技术、农业工艺、电子学等，还包括少量艺术类，如艺术美术。按照制定的主体，科目划分为由各联邦主体决定的必修和选修的基础课程、必选的侧重性专业课程，以及由地区和学校决定的任意选修课程两大类型[②]。其中联邦主体决定的课程占主要部分，这样有利于避免课程过分专业化，保证学生学习基础教育阶段的通识知识，又能培养学生的个性化和社会化。

二、国内基础教育课程改革的基本态势

（一）基础教育课程改革的现状调查

我国 2001 年启动的课程改革，有两大特点，一是改革前，研究得非常充分；二是启动改革后经过广泛的试验、推广和“狂轰滥炸”式的培训。

首先是启动前有充分的准备。1999 年 1 月，教育部成立了基础教育课程改革专家工作组。2000 年 1 月，教育部向社会各界公布“国家基础教育课程改革项目概览”，以及项目的申报、评审、立项办法（很多师范院校陆续成立了“基础教育课程研究中心”）。2000 年 4～6 月，教育部对全部项目逐一审查，最终确定了首批 34 项国家基础教育课程改革项目。2000 年 7 月，200 多名专家参加的课程标准研制工作正式启动，韦钰副部长在项目启动会上作了“学习的科学”学术报告。在各项目组的努力下，形成各学科课程标准的初稿，2000 年 8 月，教育部要求集中力量编好教材，并正式启动教材编写工作。2001 年 1 月，教育部召开了实验教材出版工作会议，部署教材的编写和出版工作，2000 年 7 月至 2001 年 1 月，各

① 乔莉莉，赵惠芳. 俄罗斯普通教育高年级专业化课程实施之管窥[J]. 外国教育研究，2004，(9)：18-21.
② 贝文力，顾恒. 俄罗斯普通高中侧重专业式教学研究[J]. 教育发展研究，2012，(20)：37-40.

课程标准组形成课程标准的征求意见稿。2001 年 5 月 23～24 日，召开义务教育课程标准审议会，邀请了近百名著名学者（其中包括 10 多名院士）、特级教师，对 18 个学科课程标准进行审议。2001 年 4 月 26～28 日、5 月 30 日至 6 月 1 日，先后两次召开义务教育课程标准实验教材审查会议，对 20 个学科 50 种教材进行了初审和复审。

2001 年初，在各地自愿申报、省教育行政部门推荐的基础上，确立了 26 个省（自治区、直辖市）的 38 个县（区）作为首批课程改革实验区。2001 年秋季将有一年级 20 万余名学生、三年级 8 万余名学生、七年级 10 万余名学生使用部分学科的新教材。2002 年使用新教材的人数达到 895 万，接近全国学生总人数的 20%；2003 年达到 3500 万，有接近 78%的学生参加了新课程改革。2003 年 3～8 月，教育部基础教育司对新课程各科课程标准实施状况组织了大规模调查研究，接受调查的教师人数达 6886 人，涉及 42 个实验区，覆盖全国 29 个省（自治区、直辖市）。从当时各省份和国家级实验区的评估报告看，本次课程改革取得这样一些成绩：重视学生创新精神和实践能力培养的教学行为正在逐步形成。课堂呈现勃勃生机；教学方式灵活多样，共同学习、平等交流的师生关系正在形成，学生更喜欢学校、更爱学习了；有利于教师成长的教研、培训活动广泛开展，形成了重研讨、重反思、重互助的新型教研氛围，有力地促进了教师整体素质的提高。

其次是开展了长期的“全员”培训。2002 年北京大学出版社出版了新课程师资培训资源包，共 8 册，包括钟启泉主编的《新课程师资培训精要》、靳玉乐等主编的《新教材将会给教师带来些什么——谈新教材新功能》、孙杰远主编的《信息技术与课程整合》、周小山主编的《教师教学究竟靠什么——谈新课程的教学观》、刘芳主编的《21 世纪，谁来教综合课——谈新课程结构的重建》、任长松编著的《课程的反思与重建——我们需要什么样的课程观》等。当时教育部就提出明确要求“先培训，后上岗；不培训，不上岗”，首批教育部层面的培训人数就超过 16 000 人，各省组织的培训人数超过 200 万人，对国家级贫困县还单独组织了培训，有 372 个县数十万教师参加。笔者以钟启泉主编的《新课程师资培训精要》为教材给重庆市涪陵区的全体上万名教师进行了“讲大课式”培训。

强调这两点，就是想说明我国 2001 年的基础教育课程改革准备是充分的，培训是“到位”的，在教育系统特别是广大教师中达成了共识，广大教师对新课程理念、思路是高度认可的。但是从笔者了解到的情况看，执行、落实还不够好，至少是不均衡的、不可持续的。

为了验证这个“假设”的科学性、真实性和准确性，我们开展了广泛的调查研究，设计了一个包含测谎题，一环扣一环的、相对比较简单的问卷。问卷分3个大题20个选项，通过会议进行纸质调查，通过微博、微信、QQ，特别是利用金数据（在线表单设计工具）、佰思问卷调查系统进行网络调查，还采用了重点对象访谈等手段。

研究调查共发放纸质问卷500份，收回问卷487份，其中有效问卷446份。问卷内容全文如下。

前导语：

我们是“基础教育课程改革可持续发展研究”课题组，非常抱歉麻烦大家，希望大家把自己的真实想法表达出来，我们将对你的想法进行如实的统计，不会暴露你的任何信息（如果希望自己的意见公开，请特别标注说明，我们将在报告中特别标注）。谢谢大家的配合。

1. 你所处的地区（一线城市、二线城市、三线城市、县城、乡镇、农村；东部地区、中部地区、西部地区）；

2. 你的年龄（填写周岁，截至2017年1月18日）；

3. 你的最后学历（博士研究生、硕士研究生、本科生、专科生、高中生、初中生、无学历）；

4. 你目前从事的工作（如果是学生，请说明是小学生、初中生、高中生、高职生、本科生、研究生）。

一、按照自己的理解回答以下10个问题（每个题目必须选择两个答案，一个是对内容熟悉程度，选择“知道”的程度，一个是对内容的认可程度，选择“认可”的程度）

1. 对新课程政策（政策主要指：《中共中央国务院关于深化教育改革，全面推进素质教育的决定》（中发〔1999〕9号）、《国务院关于基础教育改革与发展的决定》（国发〔2001〕21号）和《基础教育课程改革纲要（试行）》）的理解、认可程度

知道理解、知道了解、不知道　认可、基本认可、不认可

2. 对课程标准的理解、认可程度

知道理解、知道了解、不知道　认可、基本认可、不认可

3. 对课程标准理念和思路理解、认可程度

知道理解、知道了解、不知道　认可、基本认可、不认可

4. 对新的课程体系理解、认可程度

知道理解、知道了解、不知道　认可、基本认可、不认可

5. 对新课程体系执行情况的理解、认可程度

知道理解、知道了解、不知道　认可、基本认可、不认可

6. 对现行课程结构的理解、认可程度

知道理解、知道了解、不知道　认可、基本认可、不认可

7. 对课程结构执行情况的理解、认可程度

知道理解、知道了解、不知道　认可、基本认可、不认可

8. 对课程内容实用性的理解、认可程度

知道理解、知道了解、不知道　认可、基本认可、不认可

9. 目前课程结构对全人类发展目标的实现度的理解、认可程度

知道理解、知道了解、不知道　认可、基本认可、不认可

10. 对使用的教材的理解、认可程度

知道理解、知道了解、不知道　认可、基本认可、不认可

二、列举出你们学校或者你能够确认的某学校的课程设置情况（必须真实）；根据课程设置与执行情况，概述新课程改革中取得的成绩（发生明显变化）、遇到的问题和需要解决的问题，简单提出下一步课程改革的建议。

（教师、学生回答，开放式问题）

三、单项选择

1. 现行课程结构合理（合理、基本合理、不太合理、不合理）

2. 造成课程结构不合理的原因是（顶层设计有问题、决策部门过多、学校管理不到位、教师素质差）

3. 课程内容合理（合理、基本合理、不太合理、不合理）

4. 造成内容不合理的原因是（教材编写有问题、教师讲授不到位、学习方式不对、教学条件差）

5. 现行评价方式是（以学生素质为导向、以方便评价为导向、以教学内容为导向、以课程标准为导向）

6. 目前中小学课程门数是（多、比较多、还可以、少）

7. 你赞成课程整合（赞成、有条件赞成、不太赞成、不赞成）

8. 你认为中小学课程设置应该是（学校决定、国家决定、地方教育主管部门决定、学生自主选择）

9. 你对学校课程设置的建议是（同意目前这样设置、教育部门的一个处室决定、政府部门按照职权责任分别提设置要求、国家统一要求）

10. 你认为目前课程改革的问题是（政策问题、执行问题、教师问题、督导检查问题）

把这些问题进行重新排列，又通过微博、微信、QQ，特别是利用金数据（在线表单设计工具）、佰思问卷调查系统进行网络调查。为保证调查结果的科学性，采取分层统计的方式，按经济发展水平将调查对象所在城镇分为一线城市、二线城市、三线城市、县城、乡镇和农村，所处的地区分为东部地区、中部地区和西部地区；按学历分为博士研究生、硕士研究生、本科生、专科生、高中生、初中生和无学历（无学历的参与调查对象数量为零）。此外还统计了调查对象目前从事的工作或身份（如果是学生，说明是小学生、初中生、高中生、高职生、本科生、研究生，其中参与调查的小学生、初中生数量为零），年龄（其中参与调查对象的最小年龄为 18 岁，最大年龄为 60 岁，集中分布在 23～50 岁）。为了对调查结果的真实性、可靠性进行检验，在网络调查中增加了一些问题：是否是 2003 年教育部基础教育司的调查对象，是否参与了同一课题组此前纸质问卷的填写，是否是教育部首批新课程标准的实验对象。在调查中得知，本次网络调查对象有一部分是教育部基础教育司在 2003 年 3～8 月对课程改革试验区调查时的调查对象，一部分是 2001～2003 年新课程标准的实验对象。

1. 调查对象情况整体分布

调查对象情况整体分布情况见表 2-1。

表 2-1　调查对象情况一览表

年龄	20 岁以下	21～30 岁	31～40 岁	41～50 岁	50～60 岁	60 岁以上
占比/%	29.7	28.2	21.1	7.2	13.7	0.1
学历	博士研究生	硕士研究生	本科生	专科生	高中生	初中生
占比/%	0.4	6.8	81.7	9.9	0.9	0.3
所在地区	一线城市	二线城市	三线城市	县城	乡镇	农村
占比/%	3.6	22.9	25.7	19.3	25.9	2.6
本人身份	学校领导	教师	公务员	本科生	高中生	其他人员*
占比/%	6.5	44.3	4.8	31.7	7.5	5.2

*其他人员包含企业人员（占比 4.5%）、无业和没有固定工作人员（占比 0.4%）、退休人员（占比 0.3%）

从调查对象身份分布看，教师、学生占主体，说明调查对象比较集中，能够真实反映问题；来自城市、县城、农村的调查对象比例相当，反映问题比较客观；年龄分布均衡，反映出各年龄段的不同追求。

2. 课程设置情况

针对课程设置调研的省份几乎遍布全国各地，部分省份只有几个案例，缺乏统计意义。经过数量筛选，超过20个样本的有江苏、广东、浙江、湖南、湖北、河南、黑龙江、吉林、甘肃，上海、重庆。具体结果是：在课程设置和实际执行中，各地差别较大，总体情况是，城市好于农村，发达地区明显比后发达地区和欠发达地区好。下面介绍一下各地情况（各地区设置的外语课程中，由于某些地区包含俄语、日语等，故对“外语”“英语”不作统一要求，按各地区实际课程设置介绍）。

（1）上海市某区基础教育课程设置

分为基础型课程包括语文、数学、外语、品德与社会、唱游/音乐、美术、体育与健身、信息、科学与技术；拓展型课程包括兴趣活动（含体育活动）、专题教育或班团队活动、社区服务、社会实践，以及探究型课程（单独设置，学生必修，课时也可集中使用）；晨会或午会，广播操、眼保健操。其中，初中的基础型课程包括语文、数学、外语、思想品德、科学、物理、化学、生命、科学、地理、历史、社会、音乐、美术、艺术、体育与健身、劳动技术、信息、科技；拓展型课程包括学科类、活动类（含体育活动）课程，专题教育或班团队活动，社区服务，社会实践，探究型课程；以及晨会或午会，广播操、眼保健操。中小学校要坚持开展廉洁教育、生命教育、健康教育（含青春期教育、心理健康教育、预防艾滋病教育和毒品预防教育等）、国防教育、民防教育、民族团结教育、安全教育、法制教育和环境教育等专题教育。初中除语文、数学、外语学科可举行期中、期末考试以外，其他学科只进行期末考试或考查；思想品德、历史、地理学科采用开卷形式（或以开卷、闭卷相结合的形式）进行考查；物理、化学、生命科学学科应加强动手实验能力考查；信息科技、劳动技术、体育与健身、艺术、音乐、美术学科只进行操作、应用和实践性的考查。

（2）江苏省某地区的课程设置

小学有思想品德、科学（三至六年级开设）、语文、数学、外语（一二年级不开）、体育与健康、音乐、美术和综合实践活动，以及地方和各学校开设的课程；初中有思想品德、历史、地理、科学、生物、物理、化学、语文、数学、外语、体育与健康、音乐、美术和综合实践活动，以及地方和各学校开设的课程。三至九年级的综合实践活动课程的内容包括信息技术教育、劳动与技术教育、社区服务与社会实践等。劳动与技术、信息技术、综合实践活动·学生活动资源包等课程，每周各安排 1 课时。综合实践活动课程的课时与地方课程、学校课程的课时可以结合起来使用，每个年级用于综合实践活动的平均周课时不得少于 3 节。晨（夕）会、班队会、科技文体活动等是各学校自主安排。各门课程均应结合本学科特点，有机地进行思想道德教育。环境、健康、国防、安全等专题教育应渗透在相应课程中。

（3）广东省某地区课程设置

小学设置语文、数学、英语、音乐、体育、美术、科学、综合实践、信息、思想品德、学校课程（形体、书法）。2016 年曾探索把语文和思想品德、数学和综合进行整合，目前已经停止，继续沿用以前的国家课程。音乐和体育实行模块教学，音乐还在继续，体育已经停止试验。

（4）浙江省某地区课程设置

初中课程设置有语文、数学、英语、科学、道德与法制、历史与社会、音乐、体育、美术、信息技术、综合实践、地方课程、学校课程、心理、拓展性课程。

（5）湖北省某地区课程设置

湖北省某地区课程要求：继续实施全市小学生语文素养提升工程，深入推进“20＋20”亲近母语行动。在语文课中要加强写字教学和书法教育，其中，一至二年级的语文课中每周安排 1 课时的写字课；三至六年级的语文课中每周安排 1 课时的书法课，用于毛笔字学习。一至三年级着重培养学生硬笔书写能力，三年级开始过渡到硬笔软笔兼学。在义务教育阶段，美术、艺术、综合实践活动、地方课程、学校课程中，要结合学科特点开展形式多样的书法教育。中小学书法教育不举行专门的考试，不开展书法等级考试。农村初中继续开展“绿色证书”教育，适当增加职业技术教育内容，每周安排 3 课时，从综合实践活动课程中每周安排 2 课时（内容为劳动与技术、信息技术），从地方课程与学校课程中安排 1 课时（内容由学校根据当地实际情况安排劳动职业类教育），使该类课程“上课表、进课堂、有实效”，保证每个初中生毕业时接受不少于 300 学时的“绿色证书”教育，考核成绩作为学生初中毕业的标准之一。生命安全教育、心理健康教育、工艺制作、科技制作活动、综合阅读等纳入地方与学校课程管理，其中，生命安全教育每周 1 课时，心理健康教育、工艺制作、科技制作活动、综合阅读可每 2 周各安排 1 课时。学校也可视具体情况，分散或集中安排学习时间。人民防空知识教育安排 15 课时，在八年级上学期完成，其课时在专题教育课时中安排。在全市小学开设防空防灾知识教育，在五年级上学期完成，按每 2 周安排 1 课时，其课时在专题教育课时中安排，可分散安排，也可集中安排。各年级开设环境教育，纳入专题教育课程管理，每学年安排不少于 12 课时，学生接受环境教育的普及率要达 85%以上。各年级进行禁赌、禁毒、预防艾滋病、反邪教、可持续发展、中华民族精神、武汉精神、法制等专题教育；三年级和七年级进行廉洁教育。以上各专题教育，学校视其具体情况，可各按每学年 4 课时安排教学，可分散安排，也可集中安排。晨（夕）会、班队会等由学校自主安排。落实少先队活动，一至八年级每周安排 1 课时，可在地方课程与学校课程中统筹安排。

湖北省实际开始的课程仅有语文、教学、英语、物理、化学、历史、思想品德、地理、生物，还有音乐、美术、信息技术、体育，以及地方课程。

（6）湖南省某地区的课程设置

初三开设语文、数学、英语、物理、化学、政治、历史、体育、班团活动、综合课；初二开设语文、数学、英语、物理、生物、地理、政治、历史、音乐、美术、体育、班队活动、养成教育；初一开设语文、数学、英语、生物、地理、政治、历史、音乐、美术、体育、信息技术、班队活动、养成教育、心理、阅读。以上各年级所开的课程中，语文、数学、英语、物理、化学、生物、地理、历史、政治、体育 10 科属于统考科目，其他均为考查科目。

该地区的实验小学开设了语文、数学、英语、科学、科技、思想品德、信息、研究、健康、音乐、体育、美术、文体、劳动与技术、实践、阅读。一般各小学根据省课程标准，结合学校的具体情况，开设了以下课程：语文、数学、英语（三年级开始）、品德、音乐、体育、美术、文体、阅读、少先队活动、科学、实践、劳动与技术（五、六年级）、法制安全、心理健康（三至六年级）、研究（五、六年级）、科技（三至六年级）、信息（五、六年级）、手工（一、二年级）。其中文体、科技为数学课，劳动与技术、研究是英语课。

九年一贯制的学校开设的课程略有变化，具体包括：语文（阅读），数学，英语，生物，政治，历史，地理，体育，音乐，信息，美术，班会，初二增设物理，初三调整为：语文，数学，英语，物理，化学，政治，历史，体育。小学四至六年级的课程包括：语文，数学，英语，科技，思想品德，阅读，养成，体育，音乐，信息，美术，班会。三年级的课程包括：语文，数学，英语，科技，思想品德，阅读，养成，体育，音乐，美术，班会。一二年级的课程包括：语文，数学，写字，思想品德，养成，体育，音乐，美术，班会。

乡镇小学开设的课程也有所不同，具体有以下几个部分。①国家课程：品德与生活（品德与社会）、语文、数学、科学、外语、体育、音乐、美术、信息、研学、实践、劳动与技术；②地方课程：生命与健康、少先队活动、养成、阅读、心理、科技、综合。需要考试的课程有语文、数学、外语。考查的课程中，品德相关课程、科学由县级考查，其余由学校考查。

（7）河南省某地开设课程

小学开设了语文，数学，体育，音乐，美术，思想品德，健康，英语，作文，科学等课程；初中一年级开设语文，数学，英语，地理，健康，音乐，信息，历史，美术，政治，生物，体育，劳动与技术；初二开设：语文，数学，英语，政治，体育，音乐，美术。物理，生物，地理，历史；初三开设：语文，数学，英语，体育，化学，物理，政治，历史。

（8）黑龙江省某地区的课程设置

小学：一二年级有语文、数学、音乐、体育、美术、思想品德，以及地方（人文与社会、生命教育）和学校（写字、版画、棋类）课程；三至五年级有语文、数学、音乐、体育、美术、思想品德、信息技术、综合、科学，以及地方（人文与社会、生命教育、技术）和校本（写字、版画、棋类）课程。

但是到该地区的某小学实地调查，发现实际开设的课程是：一二年级有语文、数学、音乐、体育、美术、微机、思想品德、劳动实践、生命教育，人文社会、三年级至六年级增设英语、科学，其他科目和一二年级相同。

初中：一年级有语文、数学、英语、音乐、体育、美术、思想品德、科学、综合、信息技术，以及地方（人文与社会、生命教育、技术）和学校（写字、版画、棋类等）课程；二年级有语文、数学、英语、音乐、体育、美术、地理、历史、生物、思想品德、科学、综合、信息技术，以及地方（人文与社会、生命教育、技术、劳动与技术）和学校（写字、版画、棋类等）课程；三年级有语文、数学、英语、音乐、体育、美术、地理、历史、生物、物理、思想品德、科学、综合、信息技术，以及地方（人文与社会、生命教育、技术、劳动与技术）和学校（写字、版画、棋类等）课程；四年级有语文、数学、英语、音乐、体育、美术、历史、物理、化学、思想品德、科学、综合、信息技术，以及地方（人文与社会、生命教育、技术、劳动与技术）和学校（写字、版画、棋类等）课程等。

（9）吉林省某地区的课程设置

吉林省某地区初中开设课程有：数学、语文、英语、物理、化学、历史、思想品德、地理、生物、体育、读书、音乐、美术。但是在某中学实地调研，该初级中学开设的课程是：一年级有语文、数学、英语、地理、生物、政治、历史，二年级增加物理和化学，三年级减少为语文、数学、英语、政治、历史、物理和化学。

某地区小学开设的课程是：一二年级有数学、语文、英语（一年级几乎不上）、体育、音乐、道德、法律，以及学校课程、地方课程（民族、健康、微机）；三至六年级有数学、语文、英语、音乐、体育、美术、思想品德、综合、科学，以及学校课程、地方课程（民族、健康、微机）。另外某地区的小学课程为：一二年级有语文、数学、音乐、体育、美术、品德、地方课程（心理健康），学校课程；语文、数学、英语、音乐、体育、美术、思想品德、科学、综合实践、心理健康、信息技术、地方课程（生活）、学校课程。但是在广大的农村地区，课程开设不齐现象严重，一般情况下，一二年级只开设了语文、数学，三年级以上开设语文、数学、英语、综合（品德、科学），个别学校只开设语文和数学，连体育都没有。这种情况令人担忧。

（10）甘肃省某地区的课程设置

小学阶段一年级：语文，数学，品德与生活，写话，美术，活动，体育，写字，心理健康，音乐；二年级：语文，数学，体育，音乐，写话，活动，美术，写字，品德与生活，心理健康；三年级：语文，数学，英语，科学，体育，美术，品德与社会，活动，音乐，心理健康教育，信息技术，写字；四年级：语文，数学，英语，品德与社会，科学，美术，写字，活动，体育，心理健康教育，信息技术；五年级：语文，数学，英语，体育，美术，音乐，科学，写字，活动，品德与社会，科学，劳动与技术，心理健康教育，信息技术；六年级：语文，数学，英语，科学，体育，活动，品德与社会，美术，劳动与技术，写字，心理健康教育，音乐，信息技术。

初中阶段七年级：语文，数学，英语，历史，思想品德，美术，生物，信息技术，地理，体育与健康，音乐，阅读，写作；八年级：数学，英语，语文，物理，地理，思想品德，生物，美术，信息技术，阅读，音乐，历史，体育与健康；九年级：语文，数学，英语，物理，化学，历史，地理，生物，体育与健康，美术，音乐。

（11）重庆市的课程设置

对于重庆市，本书开展了普查式的调查研究，除改革试点学校和村小开课有所变化，其他学校基本稳定。

在此选了两所学校介绍课程设置共性的情况。

涪陵区第十六中学开设的课程：七年级有语文、数学、英语、政治、历史、生物、地理、音乐、美术、体育、民防、安全、环境教育、健康教育，八年级有语文、数学、英语、物理、政治、历史、生物、地理、音乐、美术、体育、安全、环境、健康，九年级有语文、数学、英语、物理、化学、政治、历史。七、八年级还有大体育和社团两门课程。

重庆第十一中学把课程分为基础课程、拓展课程、精英课程三级。基础课程即为国家规定的课程；拓展课程以学校课程为主体，包括修德课程、博文课程、健康课程、艺馨课程、启智课程和“大阅读”特色课程，共六大类80余门课程；精英课程包括大学先修课程、学生自治课程、领导力课程、创客课程、学科竞赛课程、高水平艺体人才培养课程，共六大类20余门课程。

在调查过程中发现，一般情况下也有一些非常值得注意的问题。一是课表课程问题比较突出，实际课堂教学中对规定的上课节次还是有所调整。例如，一至四年级的四节体育课改成了两节数学课、两节体育课；三、四年级的三节科学课改为一节语文课两节科学课；五、六年级的三节科学课改为一节英语课两节科学课；一、二年级的三节品德与生活课改成一节数学课和两节品德与生活课。修改的原因是：相对应的专业老师偏少，数学和语文的课程设置节次偏少。“课表课程”一样，授课的内容又一样，如语文“5＋2”（“研究＋生理健康”），意思是语文课按规定设置5节，另外课表中的研究课和生理健康课也上语文课。二是重点学校和村小开课不全现象明显。村小因为教师数量不够，有的只开语文课、数学课，连体育课都不开；有的重点学校花架子多，看上去热热闹闹，实质是典型的应试教育，很多课程都变成了兴趣小组。三是开设课程与人才培养目标不对接，有其名无其实，忽视每门课程的目标，甚至教师说不出来所教授课程的教学目标，统统用三维目标代替。四是开课随意性大，什么部门都可以设课程，有什么任务就设什么课程。本书统计了所调查各省份的开设课程门数情况，随机抽取了 16 所小学、13 所中学，他们开课情况如表 2-2 统计情况。通过表 2-2 可以看到这些省份开课门数变化是比较大的，同一省内也不同。

表 2-2　抽查省（直辖市）被抽查学校开课门数统计一览表

抽查省（直辖市）	抽查样点学校序号	年级								
		一	二	三	四	五	六	七	八	九
江苏	1	8	8	11	11	11	11	14	15	16
广东	2	9	9	11	11	11	11	14	15	13
浙江	3	8	8	12	12	12	12	13	14	15
	4	9	9	11	11	11	10			
湖南	5	16	16	16	16	16	16	15	13	10
	6	15	15	15		18	18	12	13	8
	7	9	9	11	12	12	12			
湖北	8	6	6	8	8	9	9	12	13	14
河南	9	7	7	9	9	9	9	13	11	8
甘肃	10	9	10	11	11	15	11	12	15	11
吉林	11	3	3	4	4	5	5	11	13	13
	12	9	9	11	11	11	11	7	9	7
	13	9	9	13	13	13	13			
黑龙江	14	8	8	11	11	11	12	15	16	15
上海	15	15	15	15	15	15	15	25	26	27
重庆	16	7	7	9	9	9	9	16	16	7

3. 2001 年基础教育课程改革存在的和未来改革的建议

再对问卷调查所得结果进行分析。调查对象中，对国家新课程政策知道了解的达到 83.1%，对国家新课程政策认可的达到 73.2%；对新课程标准理念和思路的理解、认可程度超过 85%。但是，对现行课程结构、体系与内容认可度较低的均超过了 50%，具体问题主要有，认为教材编写有问题的占 34.8%；认为目前中小学课程门数多的占 47.4%；认为目前课程改革的问题是督导检查不利造成的占 16.3%，是政府评价机制造成的达到 43.7%；赞成课程整合的占 67.4%。

之后通过对问卷调查结果的再调查，发现了数字背后的一些问题。

对部分教师进行了访谈，通过访谈得知，2003 年教育部基础教育司的调查数据是真实的，特别是新课程标准的基本理念和设计思路，认为其很好或较好地体现了《基础教育课程改革纲要（试行）》的精神，当时绝大多数表示认同或比较认同。但是，调查对象并没有对所有问题都“正确表达”。为什么出现这样的疑问呢？就是在问卷的问题和选项的设计上，比如，“您认为课程标准所规定的基本理念能在多大程度上得到贯彻和落实”，选项是“完全能够、经过努力能够、实现难度大、难以实现”四个，回答“经过努力能够”选项的占 76.1%（2004 年 2 月 18 日教育部基础教育司《基础教育课程改革情况介绍》）；再如，“您认为标准中内容部分有关内容要求在师生共同努力下能否实现”，选项是“太难、有一定难度、难易适中、比较容易、要求过低”五个，回答有“一定难度”的占 48.3%，“难易适中”的占 42.8%。从这些数字看没有问题，但是在访谈中，部分调查对象表示，他们在回答问题时是在“努力”的情境下进行判断的，换句话说，不是新课程标准有问题，而是“真正的执行”有问题，有的教师连学校开了什么课程都答不上来，有的学校课程根本就没有开齐，更别说课程改革的实施了。

（二）基础教育课程改革典型案例

笔者所在团队访问了近百所学校，每个学校都有可圈可点的改革经验，团队成员还带领重庆市 120 名高中校长到上海、浙江访学，深入探讨基础教育课程改革经验。经过提炼、筛选，团队非常感兴趣的有三个典型案例，这三个案例表现出不同的特点，又比较符合本书的调研结论，最主要的一点是具有可操作性和可持续性。

1. 清华大学附属小学的“1＋X 课程”

“1＋X 课程”是清华大学附属小学办学最重要的载体，是学校所有工作最终的物化体现，是学校师生研究能力与学术水平最有力的证物，也是学校的核心竞争力所在。学校从课程目标、课程结构、课程内容、课时安排、课程评价等多个维度研究了“1＋X 课程”的内涵。他们提出“为聪慧与高尚的人生奠基”的办学理念是人生的终极目标；确定学生培养的三个关键价值取向“健康、阳光、乐学”；将学生的核心素养具体化为“十个一”的培养目标：一流好人格，一身好体魄，一生好习惯，一个好兴趣，一种好思维（必须具备的基础目标）；一手好汉字，一副好口才，一篇好文章，一项好才艺，一门好外语（个性化的发展目标）。根据这个培养目标，明确了“1+X 课程”的结构。“1”指整合后的国家基础教育课程；“X”指个性化发展的拓展性课程；“+”不是简单的加法，而是促进“1”与“X”相辅相成，达成“1”和“X”平衡的或增量或变量。这个课程结构力求既形成遵循儿童在基础教育阶段的普遍认知特点，又体现“清华烙印”。“1+X 课程”中的“1”与“X”追求“0.618”的黄金分割比例，整合后的国家基础性课程接近总课程 70%。

在教学内容上，清华大学附属小学将原有国家课程中的各个学科分类整合，形成四大门类，即品德与健康、语言与阅读、数学与科技、艺术与审美。其中，品德与健康：整合了品德与生活、品德与社会、体育、健康教育，强调这几门学科教学的目的，不是习得多少知识、训练多少技能，而是共同提升学生的心理与身体健康水平。语言与阅读：整合语文与英语，强调语言类学科要以阅读带动言语的习得；突出汉母语与英语的双语阅读；尤其加大阅读量，努力创造最宜阅读的书香校园。数学与科技：整合数学、科学、信息、综合实践，重点体现这一类学科在实践、创新方面优势。艺术与审美：整合美术、音乐、书法，强调这一类学科学习的目的是提高审美品位。

为了适应整合、改革后的课程内容，该小学的课堂教学时间从原来固定的每节课 40 分钟，变为长短不一的大、小课时。基础课时 35 分钟，主要安排数学、英语、体育等学科，这些学科减少 5 分钟的教学时间，一方面有助于缓解学生课上的疲劳，同时要求教师必须带领学生精学精练。大课时 60 分钟，大课时主要安排语文、美术、书法、音乐、科学等学科。这些学科当中，有些需要长时间的情境营造、情感酝酿，如语文；有些需要进行长时间的实践探究活动，如美术、科学等。若按照原有的课时安排 40 分钟的时间，人为割裂了学生的情感体验和研究过程，使得教学内容显得支离破碎。调整后的大课时使学生能够更好地运用自主、合作、探究的学习方式开展学习。小课时 10 或 15 分钟，如每天清晨 10 分钟的晨诵、每天中午 15 分钟的习字等，这些零散的时间也能够作用于学生发展。大课间 50 分钟，每天上、下午各一次，集中时间供学生加餐、做眼保健操、开展各种体育健身活动等。这样根据学科与教学内容的不同，长短课时交错，张弛有度，时间安排趋于合理，学生学习也觉得更轻松。

2. 谢家湾小学的小梅花课程体系

本书的第二主要研究人员就是谢家湾小学校长刘希娅。谢家湾小学独特的教学改革思想，务实的教学改革实践，不怕困难、压力和挑战的改革精神非常值得学习和借鉴。

谢家湾小学的小梅花课程体系，将十几门国家、地方课程分成阅读与生活、数学与实践、科学与技术、艺术与审美、运动与健康五大类，实现课程形态、课程内容、课程与人的全面整合。

教学改革不仅触动利益，更触动灵魂。在宣传报道中有句话，改革“触动利益真的比触动灵魂还难”①。这句话，笔者是不赞成的，事实上，改革难在触动灵魂。谢家湾小学的课程整合遵循“三不”原则，家长不同意的不推进，教师不愿意的不推进，学校考察认为不合适的不推进。可以说，教学改革是在国家思考成熟后才实施的，不存在失败问题。但是“我家孩子不是你们的小白鼠”成为一部分家长的呼声。在改革初期，校方陆续接待300多人次的家长上访，一些家长致电市教育局质疑学校改革的意义，甚至还有个别家长在校门口四处散发传单，鼓动家长抵制学校做法。为什么要进行课程整合？刘希娅在与家长的几十次公开交流中，谈过自己的思考，围绕这个问题也多次做过学术报告。“在谢小（谢家湾小学），在孩子的立场、体验、收获是一切工作的出发点和归宿，任何改革举措都不例外。”她为家长分析到，单从教材内容看，由于历史原因，现有国家、地方教材客观存在不少交叉、重复的内容，客观增加了学生负担。课程整合，在教育部要求的基本课程目标、内容、总课时不变的前提下，对教材进行重组和优化，同时减少大量机械、重复的练习，对学生三维目标的实现不无裨益，这也是当前课程改革的一种趋势。她随意列举了几个案例，五年级的语文课，某一单元讲“勿忘国耻”，有《火烧圆明园》《狼牙山五壮士》等4篇课文，品德课也有类似主题“不屈的中国人”；数学课与综合实践课，有相同的“体积的测量”……交叉、重复内容同样增加教师负担。

教师授课也经常出现重复甚至矛盾等问题，这个问题不只中小学有，大学也存在，这个问题已经到了不解决不行的程度。这些问题从表面上看是课程设计问题，是教材问题，是教师工作量问题。透过现象看本质，回到课程标准，回到教育的逻辑原点，教师待遇是和教师工作量挂钩，但是这个挂钩是谁规定的呢？教师的待遇是和量挂钩还是和质挂钩？是要认真备课、认真批改作业后地精讲还是要粗制滥造地泛讲甚至是乱讲呢？

① 王斌来，禹伟良，程远洲. 改革深度，剑指利益破藩篱——来自全面深化改革实践的观察与思考之二[N]. 人民日报，2014-10-03(1).

还是观念。持反对意见的家长中，聚焦最多的问题是为什么会让没有相应学科背景的教师从事语文、数学、外语的教学。

这里有几个问题，一是有学科背景的教师，如果工作量超负荷，教学质量能够如何？启动课程整合前，谢家湾小学做过这样一项统计：非语数外教师平均授课班级为4～8班，最多的学生达到300多人。语数教师一般为1～2个甚至以上班级授课，同时当班主任，另外还有选修课、社团活动等任务。“老师，你怎么还是记不住我的名字。”英语老师张凌凌经常遇到这样的尴尬，她一周接触的学生近200人，单批改一次作业就是一次繁重的体力活，她形容自己每天的状况，用了一个词“跑班”，刚上完一堂课，来不及喘气，马上抱上教具又往其他班级赶。类似情况其实在不少学校都真实存在，试想如此状态，会影响多少教师沉下心来关心学生、研究学生，更不用说花更多时间塑造学生正确的情感、态度、价值观了。

二是小学学科知识真的那么重要吗？刘希娅强调：小学阶段，教师的学科专业知识并不是最重要的。数学学科是比较严谨的，以思维训练为主的教学，但容易让孩子们感到枯燥和呆板；英语学科是以语言发展为主的语言类教学，若实施以游戏为主的教学形态，二者不仅可以在内容和形式上相互渗透，在教学思想和方法上也可进行整合，就能促进孩子们更有效地学习。

三是教师到底能不能胜任跨学科教学？按语文课标要求，一二年级学生重字词的掌握，养成良好的倾听、写字、看书等习惯，三四年级重句段学习……现在教师的学历背景难道不具备这些基本知识和能力？在国外，小学阶段全科教师和多学科教师很普遍；在国内，也在推进全科教师培养。同时要特别注意，数学家并不一定能胜任数学教师的岗位，教育有教育的规律，能否成为好老师，关键还是看教师的学习能力、组织能力、与学生情感交流的能力。

谢家湾小学成功走出第一步后，又继续向前推进。

从课程整合到人与课程的整合。课程整合，从先行学校的经验看，一般包括学科内、学科之间、学科与实践活动之间内容的整合。而在谢家湾小学，多了一项人与课程的整合，即教师特长与课程的整合。教师是实施课程的主体，课程实施效果如何，关键要尊重教师的个性，充分发掘他们的特长优势，调动他们教学的主动性、积极性。教育本身不应该是社会发展的迎合者，而应该是社会发展的引领者。通过每周半日的选修活动，以对话课堂为核心的课程文化建设，从知识育人到文化育人的教师文化等探索，越来越清晰而强烈地认识到，多门学科的交叉重复耽误了孩子们太多的宝贵时间和精力，学科整合一定会深层次地推进学校教育的全面改革，让教育更加趋于个性化与人性化。这样的课程体系让孩子们在同样的时间内，学习目标、内容不降低不减少的情况下，可以获得更加丰富且个性的发展。凡是对孩子们好的影响，我们必然会坚守和追求，理性和担当是我们回应改革中压力的不变心态。要站在人与课程整合的高度，提高对课程整合的认识，进一步打开“视界”，研究策略。谢家湾小学五大类课程体系都要在梳理本学科核心素养和关键能力上下工夫：阅读与生活要注重与传统文化和生活实践的整合，要从“广泛的阅读、丰富的感悟、精准的表达、良好的沟通”及“写一手好字、说一口纯正的普通话”等方面梳理本学科的核心素养；数学与实践要培养学生的思维力、研究力、表达力；运动与健康要让孩子有最基本的健壮体格，培养孩子对运动的爱好，并具有一项特长，同时学习体育文化；艺术与审美要提升学生的艺术素养及对美的感受力和表现力；科学与技术要培养学生的创新精神、基本的科学素养和动手操作能力。

教师完成了从学科人到教育人的转变。西南大学陈时见教授曾有这样的见解，现代教育的发展，已逐渐要求教师从教学生知识到教学生创生知识。教是为了不教，这就要求教师不能只停留在自己所教授的学科，而要有一种大教育观。不管什么学科，最后的出口一定不是专业知识，而应是教育，教师一定要从“学科人”走向“教育人”[①]。课程整合，正让谢家湾小学教师不知不觉走上“教育人”的轨迹。教师对自己的课堂和课程有最大的自主权，学校也会给予教师最大的信任，相信老师有职业责任感、有课程开发能力、有教育教学智慧进行个性化的课程整合实践。作为教育人的教师，首先是增强学习的意识，作为“课程整合”这项课程改革的参与者，每个老师都应该对当前世界前沿的课程改革方向和进程有更宏观、更准确、更系统的认识；并抓住全国各地教育考察团到校交流的机会，与更高层面的教育同行对话，促进思考；作为学科教师，要提升自己的学科素养，不断丰富学识。另外，要通过改变生活状态来改变职业状态，提升自己的综合素养。小梅花课程就是要帮助老师们打破自我、打破“固有”，触动老师发展成为高雅的人、高尚的人，成为真、善、美的人，用情怀与能力、心态与品格真正影响学生。关于跨学科教学老师的时间和精力。刘希娅认为，学科融合首先会经历学科间的彼此熟悉、彼此了解、打破学科界限的阶段，最后才能走向学科融合。跨学

① 竹琳. 课程整合重庆教育改革“新冲击波”[DB/OL]. http：//www.cqrb.cn/zhuankan/jiaoyu/2014-02-11/215346.html[2017-07-09].

科教学对促进教师专业成长是非常有利的，因为能帮助老师从不同层面了解学生。更重要的是，跨学科教学能帮助教师打破封闭的自我，“破”掉温水煮青蛙的懈怠，“破”掉太熟悉的教学领域，带给老师新的学科教学的挑战，并在挑战中发现自己“有问题”，带来不学习就会恐慌的研究状态。因此，跨学科教学必然会带来教师职业状态和专业发展的新境界。至于跨学科教学遇到的困难，是必经的过程，如果跨学科教学的老师有“接纳新学科、新领域”的开放心态，有“和学生共同学习”的学习热情，是完全有时间、有精力、有能力完成跨学科教学和整合的。

3. 重庆第十一中学立足核心素养，规划课程体系

重庆第十一中学的领导、老师认识到：人的现代化，关键是要发展人的核心素养。学校的根本任务是培养人、发展人，培养什么样的人，适应、促进并引领未来社会发展的人应该具有什么样的核心素养，是首先要达成的共识。根据国家立德树人的目标要求，借鉴我国学术界和教育发达国家对中学生核心素养的研究成果，他们提出了自己的理解：核心素养包含人文素养、科学素养和创新素养。人文素养是指学生的个人修养、社会关爱和家国情怀；科学素养是指学生的科学知识、科学方法和科学精神；创新素养是指学生学会学习（继承）、主动适应（变通）的素养。人文素养、科学素养是创新素养的基础，创新素养是核心素养的关键。他们基于国家对人才的需求和学生适应未来发展的需要，结合对百年校训的现代解读，提出了培养“有人文素养、科学素养、创新素养的家国栋梁”的育人目标。家国栋梁包含三个层面：大部分人成为现代公民（适应社会发展所需要的人）、少部分成为社会精英（促进社会发展所需要的人）、极少数人成为家国栋梁（引领社会发展所需要的人）。基于这样的育人目标，规划了他们的课程体系。从课程结构的角度分为基础课程、拓展课程、精英课程三级，前文已有介绍。从课程功能的角度，三级课程均涵盖了对学生三大素养即人文素养、科学素养、创新素养的培养，彰显了学校“自主管理、自主育人”的“主体教育”办学特色。课程体系的建构，为实现育人目标提供了重要的载体。

他们这样的课程体系是如何实施的呢？就是以“大阅读”特色课程实施为突破口，着力提升学生的核心素养。

首先，明确了“大阅读”课程的目标：塑造健全人格。在“大阅读”课程中，体现学校育人目标，实现价值引领，塑造主体人格，成就家国梦想——培养人文

素养。在“大阅读”课程中，用优秀的文化积淀主体价值，丰富人生情怀——提升科学素养。在“大阅读”课程中，全面提升学生的科学素养，激活主体意识，点燃理想之光——发展创新素养。在“大阅读”课程中，培养独立思考的创新意识，敢于质疑的创新思维和勇于实践的创新技能，形成主体能力，追寻价值真谛。

他们的“大阅读”体现在“大目标、大范围、大时空、大媒介”。从学校营造“大阅读”的良好氛围到全体师生阅读兴趣的激发和良好阅读习惯的养成，到阅读方法的优化和阅读能力的提高；从语言学科拓展到更广泛的社会及自然科学范畴，实现对世界更全面的认知；突破课堂的范围，学校、家庭、社会共同营造阅读的大环境，让学生徜徉书香世界。

他们的“大阅读”课程通过“一体两翼”的实施，着力提升学生的综合素养，成就学生的“道德、智慧、幸福”。

其次，开发实施“图书馆主题阅读课程”，树立正确价值观，为学生幸福人生导航。每周专门划出一节图书馆阅读课，整理初一到高三的“青春做伴好读书”阅读主题序列：初一“成长与感恩”，初二“自然与生命”，初三“文化与生活”，高一“人物与心灵”，高二“历史与哲学”，高三“超越与梦想”。根据这些不同的主题，进行书目推荐。由此，形成一个有导向、有梯度的主题阅读序列，让学生在阅读过程中更有效地构建自己的人生观、价值观，实现价值引领。

再次，改进落实“常态阅读课程”，培养自我完善能力，为学生幸福人生奠基。立足于各学科国家课程，开发各学科“常态阅读课程”，各学科以培养学生自主阅读能力为目标，以课堂阅读教学为主阵地，以“先学后教，以学定教”为策略，培养学生的自主合作探究能力，促进学生的自我完善。

最后，开发推进“阅读活动课程”，提升学生综合能力，提高学生校园生活的幸福指数。注重开发丰富多彩的阅读活动课程，在课堂内外、校园内外，营造师生社会共同阅读的大环境，为学生搭建提升综合能力的阅读大舞台。使学生在阅读大舞台中，激活创造能力，提升综合能力，满足学生在成长中的多元需求，提高学生校园生活的幸福指数。

第三章　静态的知识急速变化的未来
——大数据时代的基础教育课程改革应该是革命性的

今天的学生面临急速变化的未来，在 2011 年有人说，2011 年产生的数据量超过有记载以来产生数据的综合，最保守的估计，在未来三年内产生的数据量将超过人类自结绳记事以来数千年的总和[①]。这里我们还要计算，目前的初中学生，就算初三的学生，到他们就业的时候还有几年？数据变化如此之快，如此之大，会带来多少变化？可以说无法预知。很多产品、很多产业都可能要消亡，对人才的需求也将发生巨大变化。美国哈佛大学教授弗朗克·利维（Frank Levy）和理查德·默南（Richard Murnane）去年曾发表研究报告《与机器人共舞》[②]（*Dancing with Robots*），其中研究了美国社会近半个世纪的工作机会变化，结果发现那些“非弹性”的工作消失最快。这份报告把工作分成了五大类型，包括：①信息处理，获取或解读信息，用以解决问题、做出决策；②解决弹性问题，如医生诊断病情、厨师开发菜谱；③弹性手工，不容易被规范化的劳动工作，如卡车司机；④非弹性手工，有一定规律可循的劳动工作，如生产在线的包装；⑤非弹性认知，有一定规律可循的认知工作，如计算税收。

研究发现，过去半个世纪（1960～2009 年）里，前三类工作的需求不断上升，后两类则在快速消失。报告认为，人类心智的优势在于“弹性”——能处理、整合不同的信息并做出判断，从分析财报到品尝味道，莫不如是。计算机的优势则在于速度和正确性，而非弹性[③]。在这样的情况下，基础教育的目的是什么？可能要从原来的什么知识最重要升级为什么素质、什么能力更重要了。

---

① 伍兴艳. 网络存储自动化测试平台的设计与实现[D]. 成都：电子科技大学，2009：1.
② 约翰·马尔科夫. 与机器人共舞[M]. 郭雪译. 杭州：浙江人民出版社，2015：11.
③ 同②。

一、大数据时代下的基础教育课程改革

（一）"互联网＋教育"

"大数据"是十分流行的热点关键词，大数据时代的到来，对于教育研究者来说，将比任何时候都更接近发现真正的学生[①]。也有学者认为大数据技术将渗透到教育的核心环节，重构教育的评价方式，革新教育者的教学思维，为教育发展增加预测性判断，影响学校教育的模式[②]。邵光华和卢萍以中国人民大学报刊复印资料《中小学教育》转载论文为样本，透视了当前基础教育研究热点，发现基础教育研究的教育均衡、异地高考、大数据、普通高中多样化发展、教师专业发展、课程改革反思、教学探讨等方面是目前研究的热点问题[③]。大数据包括数据的结构形式、数据的规模和数据的处理技术。大数据的学习资源库囊括了各学科、各专业、各类型的海量资源，是一个综合型教学资源仓库，它一方面能保障学习资源库资源的完整性，通过数据分析，有助于开展"个性化自适应"式的学习资源服务，另一方面能提高对学习资源库的数据分析的实用性，有助于引导使用者的教学、科研活动[④]。大数据促进了信息化教学变革，生成了新的资源观、教学观和学生发展观。新资源观是指变教师上课资源为学生学习资源；新教学观是指信息化教学前移；新学生发展观是指新素养、新"微格"、新职能——转型呼之欲出。大数据对信息化教学的变革表明，一个信息化教学创新的时代已经到来，信息化教学前移就是云计算和大数据时代的信息化教学在基础教育领域的创新与发展。它将唤起人们关于改革畸形高考方式的紧迫性的思考，推动"教师为中心"教学方式向"学生为中心"教学方式的转变，推动"演员型"教师向"导演型"教师转型[⑤]。

大数据变革思维方式和工作方式，为信息化教学变革创造了现实条件，翻转课堂、MOOC 和微课程就是大数据变革教育的第一波浪潮。

翻转课堂起源于美国，有两个差不多同时启动的经典范本。一个源于科罗拉多州林地公园高中两位科学教师的探索，还有一个源于孟加拉裔美国人萨尔

① 张韫. 大数据改变教育——写在大数据元年来临之际[J]. 上海教育，2013，(10)：29-32.
② 喻长志. 大数据时代教育的可能转向[J]. 江淮论坛，2013，260(4)：188-192.
③ 邵光华，卢萍. 我国基础教育研究热点透视与趋势展望[J]. 宁波大学学报（教育科学版），2014，(6)：50-55.
④ 张吉先，单永刚，虞江锋，等. 大数据环境下学习资源元模型的研究与应用[J]. 中国电化教育，2015，9：71-76.
⑤ 金陵. 大数据与信息化教学变革[J]. 中国电化教育，2013，(10)：8-13.

曼·汗的实验。两个范本都采取让学生在课前学习教学视频，在课堂上完成作业，在工作坊研讨或做实验的方式。教师则在学生做课堂作业遇到困难的时候给予他们一对一的个性化指导。结果，学生成绩得到提高，学习信心得到增强，学生、家长和教师的反馈都非常肯定。萨尔曼·汗发现了产生“学困生”的真实原因。在传统教学模式环境中，学生经历听课、家庭作业、考试的过程，无论得 70 分还是 80 分，得 90 分还是 95 分，课程都将进入下一个主题。即使得到 95 分的学生，也还有 5 分的困惑没有解决。在原有的困惑没有解决的情况下，建立下一个概念将增加学生的困惑。那种只要求学生快速向前，不管他们面临的“瑞士奶酪式的保证通过原有基础继续建构的间隙”的传统教学模式，其效果适得其反①。

受翻转课堂“用视频再造教育”的启发，2012 年，MOOC 开始井喷，领军的“三驾马车”是源于斯坦福大学的 Coursera、Udacity 及由麻省理工学院与哈佛大学联合创办的 edX。

随着互联网技术的普及，信息技术向教育领域的快速融合正在引发一场教育革命，MOOC 拉开了这场革命的序幕，其变革的内容不仅包括教学方式，还有组织模式和商业模式。这种多维度的综合变革将打造全新的教学模式和教育组织模式，实现对教育“革命性的变革”。MOOC 的出现和快速向全球推进，有深刻的技术背景和复杂的社会动因。其一，互联网技术、信息技术日新月异的发展变化为 MOOC 提供了强大技术支撑。互联网、移动通信追求全球覆盖、无缝对接，MOOC 将随互联网的普及而普及，随移动通信的延伸而延伸，随网络功能的拓展而加速向全球化和体系化扩展。其二，人们对教育创新的期盼催生了 MOOC 加速发展。随着世界技术革命的兴起和人类社会的文明进步，公民对教育的要求越来越高，渴盼早日打破传统教育模式的资源紧缺和利益固化局面，而 MOOC 使公民对分享优质教育和普惠教育的要求由“永远在路上”变成眼见为实的红利。其三，颇受诟病的教育体制机制为 MOOC 破茧成蝶提供了机遇。教育改革滞后、机制顽疾拖累造成的办学模式固化、校际壁垒分明、社会参与度低、学校治理乏力、学校教育与社会需求脱节等，积累了政府与学校，学校与社会、家长的诸多矛盾，这些都为 MOOC 的迅速拓展创造了空间。其四，各国政府、教育主管部门、高等学校、大学教师的高度重视助推了 MOOC 的快速发展。美国、加拿大及欧洲等地区已经出台相关应对策略，世界著名大学已建立 MOOC 联盟，我国许多高校正在迅速参与跟进。所有参与跟进和应对政策都是参照 MOOC 已形成或正在创建的在

① 金陵. 大数据与信息化教学变革[J]. 中国电化教育，2013，(10)：8-13.

线认证模式强化教学管理，虽由“倒逼”产生，却恰恰加速了MOOC的推进，其结果势必弱化各国教育边界，形成趋于统一的教育教学机制和办学模式。

与MOOC一样，微课程灵感来源于可汗学院的反转课堂试验。利用微课程资源，学生可以在家自主学习。如果学习中有困惑，可以暂停、倒退、重放，方便个性化地达成学习目标。实在不能解决的问题，就记录下来，方便教师提供指导。在课堂上则可以通过作业、实验、工作坊等活动内化所学知识，很有翻转课堂中国化的味道。微课堂灵感还与视觉驻留规律有关，一般人的注意力集中有效时间在10分钟左右[①]。

（二）基础教育课程改革的再出发

2014年被称为深化教育领域综合改革元年，十八届三中全会提出的“义务教育均衡化、招考制度多元化、职业教育现代化”等三大改革任务全面启动。

8月教育部印发《义务教育学校管理标准（试行）》。同月《教育部、财政部、人力资源和社会保障部关于推进县（区）域内义务教育学校校长教师交流轮岗的意见》，提出力争用3～5年实现县（区）域内校长教师交流轮岗的制度化、常态化，率先实现县（区）域内校长教师资源均衡配置。

5月国务院印发《国务院关于加快发展现代职业教育的决定》，要求积极推进学历证书和职业资格证书“双证书”制度，开展校企联合招生、联合培养的现代学徒制试点；6月，教育部等六部门印发《现代职业教育体系建设规划（2014-2020年）》；8月发布的《教育部关于开展现代学徒制试点工作的意见》指出，招生与招工一体化是开展现代学徒制试点工作的基础，要求各地积极开展“招生即招工、入校即入厂、校企联合培养”的现代学徒制试点。

尤其值得一提的是高考改革，9月，国务院印发《国务院关于深化考试招生制度改革的实施意见》；12月，教育部公布《教育部关于普通高中学业水平考试的实施意见》《教育部关于加强和改进普通高中学生综合素质评价的意见》两个配套文件，以及对高考加分和高校自主招生的重新规范。改革以进一步促进教育公平、提高科学选拔水平为核心，被视为恢复高考以来最全面、最系统的一次考试招生制度改革。

笔者认为，三大改革任务的基础还是“基础教育改革”，但是基础教育课程改革好像没有跟进。始于2000年的第8次基础教育课程改革已经进入深水区。当

① 金陵. 大数据与信息化教学变革[J]. 中国电化教育，2013，(10)：8-13.

此项改革进入第 10 个年头的时候，一批学者已经做过系统的研究与梳理，中国教育科学研究院课程教学研究中心编著了《中国基础教育课程改革十年》一书。该书全面深入地分析和展示了我国基础教育课程改革 10 年来的进程、经验、问题和原因，提出了进一步推进课程改革的对策建议。

人民教育出版社与教育部基础教育课程教材发展中心、中国教育学会等自 2011 年开始已经连续召开了 6 届基础教育课程改革与发展论坛。2011 年论坛主题是“新世纪基础教育课程改革：理论建构与实践进展”。2012 年召开的第二届基础教育课程改革与发展论坛，裴娣娜教授作了题为“课程领导力和学校课程规划与设计研究”的专题报告，评估了 10 年课程改革所取得的成果与存在的问题，提出了“以人为本、多元文化、自主选择”三大课程改革的核心价值观和基本理念，同时提醒防止形式主义、功利主义和实用主义等倾向对课程改革造成的影响①。叶澜教授做了发人深省的报告，指出当前教育改革进入了深水区，均衡发展和内涵发展是当前教育改革的两大主题。她提醒教育工作者要在反思中潜心深入，“静下心来教书，潜下心来育人”。2013 年召开的第三届基础教育课程改革与发展论坛更是以“深水区：基础教育课程改革必经之地”为主题，围绕“重新认识课堂教学与深化评价改革”“学校课程的校本化与个性建设”“课程教学论发展的实践价值”三个方面问题进行了深入的交流和探讨。2014 年举办了第四届基础教育改革与发展论坛，论坛的主题为“学科教学与学科素养”，清华大学附属小学窦桂梅校长作了题为“基于学生核心素养发展的‘1+X 课程’建构”的专题报告，提出了本校学生培养的六大核心素养：家国情怀、公共道德、身心健康、社会参与、学会学习、国际视野。2015 年召开了第五届基础教育课程改革与发展论坛，主题是“学校课程创新与教学展望”。2016 年在江苏省苏州市召开的第六届基础教育课程改革与发展论坛，就把主题集中在“核心素养与基础教育课程改革”上。

通过这些，可以看到，专家学者已经认识到基础教育课程改革存在的问题，不断探索解决的路径。

当看到学者们在积极反思基础教育课程改革的时候，我们也要看到基层学校对此的态度，不能说“无动于衷”，但是反应迟缓确实是事实。笔者组织学生调查了中西部 10 个市县部分中小学，通过座谈会、听课、查看教案、与教师交流和围绕“课程标准”测试学生，深深感受到基础教育课程改革在基层学校还没有形成共识，基层学校仍然没有跟上形势变化的步伐，特别是对教育综合改革没有做

① 裴娣娜. 课程领导力与学校课程规划与设计[J]. 基础教育论坛，2012，(30)：4-5.

到积极的回应，甚至个别校长还在等待观望。

因此，有必要在基层学校开展一次基础教育课程改革深化和再加强的动员；在改革中要突出教育体系内不同层次、不同类型教育之间的内在联系，加强不同学科间的联系与沟通，加强理论与实践、课内课外的系统设计，充分考虑大数据给教育带来的有利条件和不利影响，参照第四代时间管理理论，运用“整合思维”，抓住教师队伍建设这个核心，深化基础教育课程改革。也就是说，基础教育课程改革的理论有了新发展，基础教育课程改革的条件已经具备，国家的方针政策已经明确，基础教育课程再次改革的时机已经成熟，需要下达再出发的行动令了。

（三）大数据发展了时间管理理论

对时间管理的研究和应用是多学科、多领域共同的课题。近年来研究者在管理学、心理学等领域对时间管理进行了大量研究并取得了一定进展。有研究者认为，学习时间管理策略是指学习者为了按时完成学习任务或提高学习效率，在学习过程中对学习时间进行合理计划和监控所采取的可行而有效的措施和方法[①]。

在大数据时代，引导学生学会管理时间，保持良好的学习状态，是基础教育课程改革成功的关键因素，师生的时间管理水平直接影响改革的成功与否，学生利用好时间才能确保更长久的“健康成长”，解决学生的“时间都到哪去了”的问题。莫法特休息法对大数据时代的教学方式、学习方式改革有着积极的意义。莫法特休息法简单地说就是先区别各种工作时间的性质，纳入“连续—分段—连续—分段”的组合公式进行处理。如此便能充分利用间隔或空档的时段，创造出更多可供利用的时间。这种时间法则和农业上的“间作套种”原理非常相似。“间作套种”是一种科学的种植方法[②]。早有成果表明，善于管理时间者的生活质量是高的。时间管理技能又可以通过训练得到提高[③]。

时间管理在心理学和管理学领域既是一个概念也是一种方法，在教育学领域运用时间管理原理的目的就是将时间投入与学生成长、成人、成才的目标联系起来，实现教育的“效果、效率、效能”的高效。效果，是我们的教育目标；效率，是用最小的投入或花费实现教育目标的时间；效能，是用最小的投入或花费，获得教育目标最佳效果。这个命题在过去是不可想象的，随着大数据时代的到来，

① 崔冠宇. 大学生学习时间管理策略的应用特点及其影响因素[D]. 开封：河南大学，2007：4.
② 汪中求. 时间管理的精细化[J]. 人力资源，2009，(15)：66-67.
③ 黄希庭，张志杰. 论个人的时间管理倾向[J]. 心理科学，2001，(5)：516-518.

这个命题似乎能够成立。

《大数据时代》（维克多·迈尔-舍恩伯格和肯尼恩·库克耶合著，浙江人民出版社 2013 年 1 月出版）给笔者很多启示。如果说大数据把全球卷入了一个以数据、数据分析与预测为特征的时代，那么，翻转课堂、MOOC、微课程则是大数据时代在教育领域引发变革的体现。

翻转课堂、MOOC 和微课程是大数据给教育带来的第一个好处和新的挑战，翻转课堂和微课程具有信息化教学前移的显著特征，是大数据时代的信息化教学在基础教育领域的创新，使传统的以教师为核心学习资源向教师资源、网络资源等多种资源转型，使传统的以教师讲授为核心的教学方式向以学生自主学习的教学方式、学习方式并举转型，从而引发资源观、教学观和学生发展观的新变革，学生的学习更加灵活、方便，只要有较高的时间管理技能就能够管理好时间，使学习任务在愉悦中完成。

因此，师生自主管理时间成为可能和现实，解决了教学方式、学习方式不适应当下教育综合改革的问题。

二、基于核心素养的基础教育课程设置

（一）核心素养的概念

“核心素养”是最近几年比较热的一个词汇，源于（确切地说是强化于）2014 年《教育部关于全面深化课程改革落实立德树人根本任务的意见》发布。该文件明确了下一步教育部的工作任务：“研究制订学生发展核心素养体系和学业质量标准。要根据学生的成长规律和社会对人才的需求，把对学生德智体美全面发展总体要求和社会主义核心价值观的有关内容具体化、细化，深入回答‘培养什么人、怎样培养人’的问题。教育部将组织研究提出各学段学生发展核心素养体系，明确学生应具备的适应终身发展和社会发展需要的必备品格和关键能力，突出强调个人修养、社会关爱、家国情怀，更加注重自主发展、合作参与、创新实践。研究制订中小学各学科学业质量标准和高等学校相关学科专业类教学质量国家标准，根据核心素养体系，明确学生完成不同学段、不同年级、不同学科学习内容后应该达到的程度要求，指导教师准确把握教学的深度和广度，使考试评价更加准确反映人才培养要求。各级各类学校要从实际情况和学生特点出发，把

核心素养和学业质量要求落实到各学科教学中。”

2016 年 2 月 22 日，中国教育学会发布了征求对《中国学生发展核心素养（征求意见稿）》意见的通知。学生发展核心素养，是指学生应具备的、能够适应终身发展和社会发展需要的必备品格和关键能力，综合表现为九大素养，具体为社会责任、国家认同、国际理解；人文底蕴、科学精神、审美情趣；身心健康、学会学习、实践创新[①]。本书把中国教育学会的研究结果总结为 3 个方面 9 个要素 25 个观测点，25 个观测点是：诚信友善、合作担当、法治信仰、生态意识、国家意识、政治认同、文化自信、全球视野、尊重差异、人文积淀、人文情怀、崇尚真知、理性思维、勇于探究、感悟鉴赏、创意表达、乐学善学、勤于反思、数字学习、珍爱生命、健全人格、适性发展、热爱劳动、批判质疑、问题解决。

有一点不能理解，在对核心素养非常火热的讨论中，很少谈到到底什么是核心素养？核心素养应该包括哪些内容？曾有研究者尝试回答这个问题，但是回答的好像还是不具体。

关于哪些素养是核心素养，DeSeCo 项目团队认为：首先，核心素养是对每个人都具有重要意义的素养，并且这些素养是能够发展与维持的。其次，核心素养是帮助个人满足各个生活领域（包括家庭生活、工作、政治领域、卫生领域等）的重要需求并带来益处的素养。最后，核心素养是有益于实现预期结果的素养。核心素养必须有价值且可产生经济与社会效益，即实现个人的成功和社会的良好运行。在此基础上，DeSeCo 项目团队明确了核心素养的内涵：核心素养是指覆盖多个生活领域的，促进成功的生活和健全的社会的重要素养[②]。基础教育界所定义的“核心素养”的内涵可以从三个层次上来把握：最底层的“双基指向”，以基础知识和基本技能为核心；中间层的“问题解决指向”，以解决问题过程中所获得的基本方法为核心；最上层的“科学（广义）思维指向”，指在系统的学习中通过体验、认识及内化等过程逐步形成的相对稳定的思考问题、解决问题的思维方法和价值观，实质上是初步得到认识世界和改造世界的世界观和方法论[③]。

（二）核心素养的培养：基础教育课程改革理念的逻辑起点

逻辑起点是指研究对象（任何一种思想、理论、学说、流派）中最简单、最

① 中国教育学会关于征求对《中国学生发展核心素养（征求意见稿）》意见的通知（学会发〔2016〕16 号）. 中国教育学会，2016-02-22.

② 张娜. DeSeCo 项目关于核心素养的研究及启示[J]. 教育科学研究，2013，(10)：39-44.

③ 李艺，钟柏昌. 谈“核心素养”[J]. 教育研究，2015，(9)：18-23.

一般的本质规定，构成研究对象最直接和最基本的单位。逻辑起点是一个理论的起始范畴，往往以起始概念的形式来表现。它必须具备以下四个要件：其一，有一个最基本、最简单的质之规定；其二，此逻辑起点是构成该理论的研究对象之基本单位；其三，其内涵贯穿于理论发展全过程；其四，其范畴有助于形成完整的科学理论体系。

教育改革到底去向何处？教育似乎总是在左右摇摆中艰难前进：赫尔巴特的传统教育学以教师和知识为中心，杜威认为传统教育学有诸多不足，提出以儿童和经验为中心的教育改革运动；美国前总统布什签署通过了《不让一个孩子掉队法案》，强调教育要重视基础，要以考试作为教育水平检测的重要手段，与此同时中国在强调培养学生实践能力，要重视探究学习，吵吵嚷嚷想废除考试；中国的传统教育说“学海无涯苦作舟”，今天强调要让学生“乐学”。教师和学生在课堂中到底地位如何？重视基础和培养实践能力、探究学习能否兼容？“苦学”和“乐学”是否完全对立？

近年来国内教育界对课程改革的问题及教训进行了深入的反思和讨论。在调研中，人们对课程改革效果的回答的让人咋舌：新课程出现了三维目标虚化和教学内容泛化的现象，对话就是问答，合作探究有形式却无实质；为了情境化而设置情境；甚至有人说现在仍然是“穿新鞋走老路”，与过去没有什么区别。

20世纪后期以来，世界范围内的课程改革如春潮涌动，肩负着时代赋予的重任，又伴随着大量争议，一路前行。与十多年前相比，随着大国崛起和本土化教育经验被国外重新认识，当前中国基础教育领域的自信程度及学校教育实践层面对课程改革的自觉程度，都是前所未有的。但是，我们仍然需要平心静气，检视我国课程改革的种种经验、教训。在宏观层面上，我们需要回答：全球化大潮下，中国基础教育领域的课程改革应当如何进行理论与实践层面的本土化探索？如何能够促进教师对课程标准的建构，推动课堂教学实践的探索？如何将课程改革以来倡导的“新课程理念”与“学习方式变革”落实在学科教学课堂上①？上述问题与改革多倾向于专业化改革行动，却对改革的文化继承性关注不够。因此，需要从文化实践视域看待课程改革，将其作为文化变革实践，寻求课程改革的深化发展②。作为文化变革实践的课程改革，不是对从教材改革实践推进课程改革的颠覆重构或视为敝屣以弃之。它是在承认课程改革作为教材改革实践既有作用和

---

① 郭建鹏. 基础教育课程改革理念的反思与建构——基于学习心理学的视角[J]. 教育科学，2015，3(8)：36-40.
② 程良宏. 从教材改革到文化变革：教育课程改革的视域演进[J]. 教育发展研究，2015，(2)：45-52.

贡献的基础上，将囿于教材改革实践的专业化改革行动拉回文化实践视域。作为文化变革的实践活动，课程改革既应立足于现代社会实践对专业化改革行动的现实要求，又需与教育承担“文化育人”的本体功能与价值相当。总的来说，课程改革作为文化继承性变革实践，强调设计改革，需要关注改革的文化处境，在推进改革中保持必要的文化张力。不论是文化问题，还是教材问题，落脚点还是核心素养问题。现在世界整个教育界关注的焦点之一就是“学生核心素养”。什么叫学生核心素养？就是学生在接受相应学段的教育过程中，逐步形成的适应个人终身发展和社会发展需要的必备品格和关键能力。它应该包含六个方面的含义：核心素养是所有学生应具有的最关键、最必要的基础素养；核心素养是知识、能力和态度等的综合表现；核心素养可以通过接受教育来形成和发展；核心素养具有发展连续性和阶段性；核心素养兼具个人价值和社会价值；学生发展核心素养是一个体系，其作用具有整合性。未来基础教育的顶层理念是强化学生的核心素养。①

对课程改革实践中所表征出来的各种问题进行理性分析，并在问题审视的基础上寻找课程改革深化的“突破点”，是我们对应试教育背景下课程模式批判的一种呼应。在基础教育课程改革的实践过程中，“学为中心”与“以学代教”“只学不教”的对立，“模式化建构”与常态化课堂推进的鸿沟，兴趣驱动与价值导引的脱节，“先成熟、后认知”与“先认知、后成熟”的博弈，“以学生为本”“高度尊重学生”与“自我中心主义”的反差，“减负”初衷与“增负”实际的冲突，等等一系列问题都需要我们予以进一步的审视、反思。为应对全球化、知识时代与科技发展等挑战，各国或地区结合自身经济、社会和教育发展需求，从不同角度提出了面向21世纪的核心素养。这些素养需通过多层次的复杂教育系统最终落实到实践中。由于核心素养提出的时间并不长，全球总体上很多地区尚处于框架制定和论证阶段，还缺少广泛的、系统的教育实践；其实践效果在学生身上得以体现也尚需一段时日，因此对核心素养教育的实践成效展开述评为时尚早。但各个国家、地区或国际组织官方文件和相关研究报告中展现的实例，可反映出对21世纪核心素养教育推进方式与途径的思考和认识。这些实例显示，课程、教学与评价三者均需围绕核心素养进行整体设计，具体包括要选用真实情景、以学生为中心展开教学、依托多样化的测评，引导和推进21世纪素养教育②。

21世纪的课程如何设置，有一个时代的话题，也有一个历史的过程。2001年

---

① 林崇德. 对未来基础教育的几点思考[J]. 课程教材教法，2016，(3)：3-8.

② 刘晟，魏锐，周平艳，等. 21世纪核心素养教育的课程、教学与评价[J]. 华东师范大学学报（教育科学版），2016，(3)：38-44.

我国启动的新课程改革的一个基本标志就是从“双基”走向三维目标，它的进步是不言而喻的。这其中既有量变也有质变，量变就是从“一维（双基）”到“三维”，质变就是强调学生的发展是三维的整合的结果。从教学的角度讲，“所谓的三维目标，应该是一个目标的三个方面，而不是三个互相孤立的目标，对其理解，可以准确表述为‘在过程中掌握方法，获取知识，形成能力，培养情感态度价值观’”①。三维目标使素质教育在课堂的落实有了抓手。新课程强调三维目标的有机统一，只有实现三维目标整合的教学才能促进学生的和谐发展，缺乏任一维度目标的教学都会使学生的发展受损。显然，三维目标较之于“双基”既有继承更有超越，核心素养较之于“三维目标”同样也是既有传承的一面又有超越的一面。传承更多地体现在“内涵”上，而超越更多地体现在“性质”上。作为核心素养主要构成的关键能力和必备品格，实际上是三维目标的提炼和整合，把知识、技能和过程、方法提炼为能力，把情感态度价值观提炼为品格。能力和品格的形成即是三维目标的有机统一。从“双基”到三维目标再到核心素养，这一变迁基本上体现了从学科本位到以人为本的转变。“双基”是外在的，主要是从学科的视角来刻画课程与教学的内容和要求。素养是内在的，是从人的视角来界定课程与教学的内容和要求。三维目标是由外在走向内在的中间环节，三维目标里既有外在、又有内在的东西。相对于“双基”，三维目标的理论比较全面和深入，但依然有不足之处：其一是缺乏对教育内在性、人本性、整体性和终极性的关注；其二是缺乏对人的发展内涵特别是关键的素质要求进行清晰的描述和科学的界定。“现有的课程标准虽然在总目标中提及类似学科核心素养的目标，但没有以学科核心素养为纲，没有将学科核心素养一以贯之地落实到课程标准的各个方面，特别是各个学段或年级或水平的表现标准。”②这就需要由三维目标走向核心素养，只有从三维目标走向核心素养，才能够实现教育对人的真正的全面回归。相对于三维目标，素养更具有内在性和终极性的意义。素养是素质加教养的产物，是天性和习性的结合。素养完全属于人，是人内在的秉性，素养使人成其为人，素养决定人的发展取向。教育的终极任务就是提升人的素养（教育价值所在）。素养让我们真正从人的角度来思考教育、定位教育。素养导向的教育更能体现以人为本的思想。

核心素养来自三维目标又高于三维目标。从形成机制来说，核心素养来自三维目标，是三维目标的进一步提炼与整合，是通过系统的学科学习之后获得的；

① 余文森. 从三维目标走向核心素养[J]. 华东师范大学学报（教育科学版），2016，(1)：13-15.
② 同①。

从表现形态来说，学科核心素养又高于三维目标，是个体在知识经济和信息化时代，面对复杂的、不确定的情境时，综合应用学科的知识、观念与方法解决现实问题所表现出来的关键能力与必备品格。显然，三维目标不是教学的终极目标，教学的终极目标是能力和品格。

我国基础教育正从知识本位时代走向核心素养时代。这也是一个全球性的教育趋势。核心素养是跨学科素养，任何核心素养都不是一门单独的学科可以完成的。任何学科都有其对于核心素养发展的共性贡献与个性贡献。学科的育人价值主要在于对特定核心素养的贡献，这是需要不断明晰化的过程。只有明晰本学科在特定核心素养形成和提升上的教育意义，揭示学科与核心素养的内在关联，才能发现学科的独特育人价值①。

核心素养意义深远，核心素养为课程内容的确定提供了重要依据。当今课程实践中的最大难题就是知识太多，更新太快。我们有太多的东西要教要学，有太多的知识选择，但又感觉很难选择，无从选择，因为选择的依据并不清晰，“精选课程内容”只能成为空泛的口号。核心素养能够引领教师课堂教学。随着素质教育的推进和课程改革的深入，有效教学成为课堂教学改革的重点。“向 45 分钟要效率”，不论是理论的探讨还是实践的尝试，都取得了阶段性成果。有效教学确实是极为重要的改革举措，但这显然不够。我们应该警惕只追求有效教学，却不问有效地教学什么的全局性盲目的现象。教学的有效性不一定体现人才培养目标的实现程度，也不一定与内容的真理性相关联。

今天，我们将以核心素养向知识本位宣战。核心素养的提出，让教师在厚重的书本和习题背后，在置生命于不顾的分数背后，看到了明确的让人成为人、以教育来成人的目标。目标在前，知识为我所有，知识助我成长，用教材教、高效率地教就有了清晰的方向。当然，从知识本位时代走向核心素养时代，虽然是一次历史机遇，但也伴随着严峻的挑战。

三、基础教育课程改革的可持续发展实现路径

（一）可持续发展：基础教育课程改革的时代命题

本书绪论中已经强调，基础教育课程改革的可持续发展是：在基础教育课程

① 石鸥. 核心素养的课程与教学价值[J]. 华东师范大学学报（教育科学版），2016，(1)：9-11.

改革中要注重社会、经济、文化、资源、环境、生活等各方面协调“发展”，基础教育的课程设置、实施、评价要与社会形态、经济状态、文化背景、资源状况、环境条件、生活水平相适应；使这些方面的各项指标组成的向量的变化对基础教育的影响是正向的，至少不是负面的和反向的；基础教育的课程设置必须坚持三大原则：公平性原则（确保每一位学生都能够享受到适宜的教育）；持续性原则（课程设置应该不超越社会形态、经济状态、文化背景、资源状况、环境条件、生活水平和学生的承受能力）；共同性原则（人才培养目标既要符合人类发展的需要，也要适合国家的现实与未来的需要，更要适合学生自身发展需要，三者必须有机结合，不能偏颇）。

怎么样才能确保基础教育课程改革的可持续发展？

首先要认真研究国内外的新形势、新变化，特别是认真学习、全面领会《中共中央关于全面深化改革若干重大问题的决定》，形成中国特色的基础教育课程理论，用正确的理论来指导基础教育课程改革。什么是正确的理论？本书认为至少要有三点符合：一是要贯彻国家的大政方针。围绕深化教育领域综合改革做文章，全面贯彻党的教育方针，坚持立德树人，加强社会主义核心价值体系教育，完善中华优秀传统文化教育，形成爱学习、爱劳动、爱祖国活动的有效形式和长效机制，增强学生社会责任感、创新精神、实践能力；强化体育课和课外锻炼，促进青少年身心健康、体魄强健；改进美育教学，提高学生审美和人文素养。二是要符合中华优秀传统文化。虽然有很多外来的冲击，但是几千年的科举文化深入人心，深入骨髓，不是轻易就能够改掉的。我们借鉴过西方理论、日本做法、苏联体系，在热闹背后还是中国的传统，还是“学而优则仕”的文化。三是要符合世界科技发展潮流。人们已离不开现代科技，忽视了这个事实不仅是失败的问题甚至可能是“自找灭亡”。这三个符合是一体的，不能讨论谁强谁弱，更不能忽左忽右，突破一系列理论瓶颈。教育理论的左右争论已经由理论界转到社会公众阶层。一定要清楚一个逻辑，没有理论上的强大就没有实践的强大，理论上的强大必须树立自己的理论体系，很重要的一点是在最高领导人的理论指引下理论界或知识界的大胆探索创新。但在教育界的理论创新，尤其是能够引领基础教育课程改革可持续发展并得到公众认同的理论创新方面仍十分欠缺，“六经注我，我注六经”的研究范式还没有打破，“先有观点后调查验证”的研究方法还大有人在。因此，需要我们国家的教育专家勇敢地站出来，构建起中国自己的现代的基础教育课程理论，提升“软实力”和话语权。

（二）从实求知：基础教育课程改革的基本方法论

什么是从实求知？为什么从实求知？笔者在不同场合都阐述过。本书的研究也是从实求知的又一次探索。从实就是要基于事实，不算平均数，不放过个案，不简单看材料，而是看全貌，看本质，看落实，看效果。求知，就是找规律，推理论，求理论的落地。

我们在调查部分已经说得很明白了，目前基础教育课程设置的理念、思路都非常好，大家都非常认可，对中央的大政方针是了解的至少是知道的，但是知道不等于去做，认同不等于去落实。大量的课表课程，检查版本课表，考什么教什么的存在就说明了这点。有人说因为教师缺少所以学校开设不了音乐、体育、美术课程，事实上是学音体美专业的学生不好找工作，因为各学校都不要音体美专业的老师，根据笔者及同事的统计，音体美专业的教师改行的特别多。

我国某一个时期的“实”是什么？那就是高考改革。对“高考”的评价众说纷纭，似乎都有意见，又都表示是最科学和公正的。甚至有这样一种观点，没有1977年的高考，中国没有今天；没有1997年的高考改革，中国不能快速发展到今天；没有2014年的高考改革，就没有中国的未来。

但是对于高考改革，中央精神是实事求是的，教育部的原则意见是客观的，但是各省的方案好像比较理想化。为什么这么说？国家推行的是综合改革：推进考试招生制度改革，探索招生和考试相对分离、学生考试多次选择、学校依法自主招生、专业机构组织实施、政府宏观管理、社会参与监督的运行机制，从根本上解决一考定终身的弊端；义务教育免试就近入学，试行学区制和九年一贯对口招生；推行初高中学业水平考试和综合素质评价；加快推进职业院校分类招考或注册入学；逐步推行普通高校基于统一高考和高中学业水平考试成绩的综合评价多元录取机制；探索全国统考减少科目、不分文理科、外语等科目社会化考试一年多考；试行普通高校、高职院校、成人高校之间学分转换，拓宽终身学习通道。教育部对这个问题认识，体现在教育部深化教育领域综合改革的意见中，把这一类问题都归结到改革人才培养模式上，包括推进考试招生制度改革、深化课程内容改革等，这个思路是对的。而各省市的方案可以说非常复杂，有的省份把高中课程形成了20种组合，有的省份更是达到了35种组合。从调查情况看，选考科目由学生自主选择，实际上没有一所学校能将选考的20种组合开设齐全，就别说

35 种组合了。开设一门课程不是简单的事情，需要师资、场地、教学资源，更需要时间储备。假如招进了一批教师，建好了场地，购置了教学资源，但学生不选这些课程怎么办？尤其现在是科技快速发展时期，很多知识的“寿命”非常短，很多方法可能出现几天就落后甚至遭到淘汰。

从“从实”角度出发，基础教育课程改革应该围绕“高考”来进行，但是从“求知”这个角度看，围绕“高考”进行改革是不符合教育规律的，也是行不通的。

从笔者及同事调查的情况看，部分学校对国家考试中心提出的方案“阳奉阴违”，甚至部分高校尤其是部分地方高中和条件比较弱的高中，仍然是以“招生数量取胜”，没有特设科目，什么都可以，导致大部分高中失去了改革的动力。

（三）真正落实：基础教育课程改革的可持续发展的必然选项

怎么样落实课程改革？本书认为应该从几个方面来思考。

首先，从核心素养角度出发。核心素养提法绝对正确，但是什么是核心素养？这个问题值得思考。核心素养是促使公民行使权利的基础，是人们在工作、社区、国家、个人生活中承担各种角色并实施行动的关键①。基础教育界所称“核心素养”的内涵可以从三个层次上来把握：最底层的“双基”指向，以基础知识和基本技能为核心；中间层的问题解决指向，以解决问题过程中所获得的基本方法为核心；最上层的科学（广义）思维指向，指在系统的学习中通过体验、认识及内化等过程逐步形成的相对稳定的思考问题、解决问题的思维方法和价值观，实质上是初步得到认识世界和改造世界的世界观和方法论②。谢维和教授明确指出，现在不同专家提出的核心素养已经达到了几十项，而且还有不同学科的核心素养。诚然，核心素养体系当然是多方面的，包括不同的层次和类型，但关键是它们的核心性。因此，究竟什么素养才真正有资格作为“核心”素养，这也是核心素养体系建设必须考虑的问题③。

在讨论核心素养问题时必须搞清楚什么素养对儿童和青少年学生未来的健康发展具有一种预示力，这种预示力的基本含义是儿童和青少年学生应该具备，并且能够一直持续影响他们一生的某些素养，是若干由此能够预测儿童和青少年学

---

① Reid A. Rethinking national curriculum collaboration：Towards an Australian curriculum[EB/OL]. http：//www.Dest.gov.au/research/publications/national_ curriculum/default.htm[2013-06-17].

② 李艺，钟柏昌. 谈“核心素养”[J]. 教育研究，2015，(9)：18-23.

③ 谢维和. 谈核心素养的“资格”[J]. 中国教育学刊，2016，(5)：卷首语.

生未来基本走向，并使他们终身受益的素养[①]。这种预示力正是核心素养的基本资格，而这种预示力不能单纯依托学生的认知水平。这种核心素养的含义已经超越了一般意义上的课程的范畴，而是从教育学基本理论的角度去审视问题，体现的是一种关于教育的基本假设，表达的是所有教育教学活动的基本根据。如果忽略了这点，就会犯“理想主义”错误，原来的三维目标、现在的核心素养都存在这样的问题，不是一门课程甚至是某节课程就能够解决人生成长的所有问题，而是围绕一个大目标分段实施，分层落实。我们坚决反对每节课都去谈知识与技能、过程与方法、情感态度价值观，教师授课时有这个意识就足够了。如果一节课三个目标都能够实现，肯定是“激素”类课程。教育是个“慢功夫”，需要“潜移默化，春风化雨”，不能因为学生需要多少素养就开多少课程，学校教育不可能代替教育的全部。

其次，围绕高考改革说话。就高考而言，新的体系已经在理论上完成，即，“一体四层四翼”。一体是指其根本宗旨——立德树人，服务选拔，导向教学；四层——必备知识、关键能力、学科素养、核心价值；四翼——基础性、综合性、应用性、创新性[②]。这个理论框架能否转换为课程体系呢？本书认为，不能直接转换，需要分析、细化、选择。从学校整体教育来说，应该把所有课程开设齐全。但是，对于一名学生来说，不可能什么都学会，这是不争的事实。但除非是特殊学生，他们必须学完最基础的东西，这也是不争的事实。因此，本书建议新一轮课程改革采取“达标必修必考＋爱好特长选修选考”的课程体系，变目前的必考三科为四科，在语文、数学、外语的基础上加一门综合素养，综合素养课程的内容是常识性的，是对高中学业水平考试的一次复查和校验，是推动素质教育在考试层面的一个落实，综合素养课程不设考试大纲，不出复习资料，出题范围不超过初中、高中的除语文、数学外的其他课程标准，并且尽量与现实社会结合，尽量减低试题难度，尽量选用全国通用（没有地方色彩）的知识点，只考核应知应会的常识。

2016 年以来，教育部先后出台了有关高考的学业水平考试、综合素质评价、加分项目“瘦身”与自主招生三个重磅文件，将会影响从幼升小到高考各个环节。高考加分项目最大幅度缩减，体现出来的是“分数更重要了”，取消体育特长生加分项目、中学生学科奥林匹克竞赛加分项目、科技类竞赛加分项目、省级

① 谢维和. 谈核心素养的“资格”[J]. 中国教育学刊，2016，(5)：卷首语.
② 姜钢. 探索构建高考评价体系全方位推进高考内容改革[N]. 中国教育报，2016-10-11(3).

优秀学生加分项目、思想政治品德有突出事迹加分项目，这样，给中小学提出了挑战——怎样开展特长生和特色项目教育工作。虽然以后的高考取消了文艺、科技、体育等特长生的所有加分，这些兴趣爱好似乎都不再重要了，其实这是一个重大的误解。

高考改革后，只有三门统考课语文、数学、外语，其中外语可以多次参考，取最高分计入高考总分，高考总分的区分度大大降低；数学在今后的命题中要大幅度降低难度，区分度也会有较大下降；只有语文的广度、难度提升，因此语文在高考总分中区分度会最大，最容易拉开学生档次。语文的提高需要长期积累，学生在小学不抓，到中、高考就会后悔，到时候想抓也来不及。未来语文的地位就像原来小升初中奥数的决定性作用一样，且比奥数更能一锤定音。得语文者得高考，得阅读者得语文。阅读习惯将成为学生小学入学前后第一重要的习惯，并将一直持续下去！

新的高考改革后，小学、初中的弱校、强校间的差异被生源升学的最大化均等性所弱化，趋同性变得越来越明显。不久的将来，全国范围内的中学都将展开“分层教学”和“走班制”教学，这就会出现“同班不同学”的现象，因此在未来，一个学生进了任何中学除了获得这所学校的名头外，要想得到更大的好处关键在班级的选择上。而班级的选择虽然是自由的但却是完全按照学业成绩进行的，拥有不同学业成绩的学生组成的班，讲课的难度、进度、师资、教材、考题、生源等都是不同的。

高考录取将不再区分一本、二本、三本，甚至连考试大纲也要取消，大学的录取将完全按照专业进行，学什么专业与孩子的兴趣、爱好直接相关，能学自己喜欢的、感兴趣的，干自己喜欢的、感兴趣的就充满乐趣也更容易成功、成才。家长要想知道自己的孩子对什么感兴趣，就要从小学开始进行常态化发现和培养。原来很多家长带孩子学文艺、科技、体育特长主要是为了小升初、初升高，功利性很强，现在因为小升初升学模式和直升校的缘故，学习特长的功利性已经被极大弱化了，但与孩子的前途、未来的关系却被强化了，所以学习特长的出发点、目的都不一样了，后者变得更加重要。越早发现孩子的兴趣、特长所在，家长就会越轻松、越坦然、越自信，孩子今后的出路也越平顺。

最后，要围绕社会、科技、经济和文化的发展趋势来思考。摆在基础教育面前最大的问题不是上学问题，而是上好学的问题，包括升入高等教育。上好学的问题也不仅是教育资源缺乏或者分配不均的问题，也有很强的文化背景、“马太效应”等问题。各地特别是欠发达地区和农村，没有注意到基础教育正面临着这样的变化。笔者在某省基础教育改革座谈会上给大家算了一笔账，基础教育的质量用什么来评价？事实上都是以考取北京大学、清华大学等重点大学多少来说话。上重点本科的学生有多少，其中被“985”高校录取的有多少；对初中就是用上重点中学的有多少，等等。但是，北京大学、清华大学在各省份的招生人数是计划的产物，关键就是谁去北京大学、清华大学的问题。可以说，衡量基础教育质量的标准绝不是升学这个指标，或者说升学不是唯一的指标，还有其他更重要的指标。有人说高考录取不公平，某省份多少分没有上本科，而在某省份这一分值就去了重点高校，等等。笔者统计，到了大学的学习，在一个省内的考生与高考成绩有关，而与其他省市的考生比较，与高考成绩根本不相关。

以上这些分析是从比较“功利”的角度进行的。我们还应该站在更高点，从更规律性的角度进一步分析。目前有几个事实：其一，家庭教育两极分化现象严重。一部分有家庭教育的孩子，他们的家长溺爱情况严重，孩子的独立生存能力已进入一个临界点，他们多数人失去了先辈那种艰苦奋斗的作风，又未培养起独立创新意识，心中少了理想，一切都在父母的操作下成长；另一部分孩子缺少家庭教育，有隔代培养教育就算是好的，很多是“留守儿童”，不能说“留守儿童”有问题，但是他们或多或少会缺少一些生活的常识教育，缺少开阔视野的教育。学生到了学校，还要接受题海战术和假期补习。因此，有的学者在对国外教育分析的基础上呼吁：必须对中小学课程教育进行改革了，建议在中小学开设生命科学课、礼仪修养课、综合实践课。本书不完全赞成这样的观点，但是需要思考开设类似有这些内容的综合课程。其二，西方文化与中国传统文化交织、融合对教育带来新的冲击。互联网的普及，“低头族”如“泉涌式井喷般”地产生，日渐壮大，势不可挡。在很多“低头族”的眼中，手机屏幕里的世界甚至比真实的生活更重要，信息时代的冷漠正在蔓延。互联网不仅影响教学方式、学习方式的变革，势必对教学内容、学习内容甚至是学习时间产生影响。

综上所述，能否落实这三个问题，直接影响基础教育课程改革方案的落实。目前的课程改革方案没有落实的根本原因就是没有从多角度思考，没有注意到（或者说注意到了，但是没有想办法解决）考试文化对课程改革带来巨大和深刻的影响。因此建议：①国家标准适当降低，满足国家的基本需求和学生基本素养需要，但是必须全面贯彻执行，不能有任何的走样，决不允许有任何形式的变通。②省级标准必须务实，不能为了“面子”和“比较”的心态来相互攀比，要真正从学生需要出发，注重社会、经济、文化、资源、环境、生活等各方面协调“发展”，标准、要求要与社会形态、经济状态、文化背景、资源状况、环境条件、生活水平相适应。③学校课程一定要围绕学生的现实、未来的需要去思考、去谋划，不要为了“特色”而造“特色”，为了“创新”而假创新。④课程设置一定是谋划一个盘子，计划一个口子，执行一个标准。杜绝“部门”设课现象发生，不能因为今天有一起火灾就要设防火救火课程，明天有一个环境事故就设环境课程，后天又因为某些人心理出现问题就设心理健康课程。要把教学内容与课程设置区分开来。⑤课程思维模式要调整，要多种思维方式并进，特别充分运用整合思维、跨界思维等思维方式，课程该整合要整合，教学内容该组合就要组合，一个问题要多学科探索，多学科讲解，把一个问题要放到多学科视野下，培养学生的辩证思维、整合思维、跨界思维等多种思维方式。⑥要加强养成教育课程设置。要区分人才培养目标、课程目标、课堂教学目标，区分教育目的、教学目的、学校教育目的、学校教学目的等，要把教育、教学区分开来，把知识教育、能力培养、素质养成区分开来。对以上这些问题既要讲区分，同时更要讲协调和统一。

基础教育课程改革的可持续发展是个系统工程。第一，课程设置后，教材编写要跟上、跟准，要改善教材编写结构。教材是对课程标准的进一步具体化，在相当长一段时间内，教材还是能清楚明确地指引教师将知识传授给学生。教材首先要打破“以学科为中心”的思想，尤其是编写科学、社会、艺术等跨学科教材时，更需要打破学科界限，培养学科之上的综合素养。第二，要加强教师的培训。2001 年以来，课程标准的培训对教师的触动还是比较大的，但是上次培训的重点在理念、思路上多，高校教师当培训师的多。目前的培训要注重可持续性，要基于核心素养在改善教师教学方式上下工夫。可以通过对教学过程的系列研究，鼓励教育研究者和教师开发更多促进学生核心素养生成的教学模式。无论是传递知识、开拓思维、组织活动还是互动交流，教师在设计和组织教学时要将传统的“以知识点为核心”的教学观念，转变为“以核心素养为导向”的教学。在三个方面着力：其一，由“抽象知识”转向“具体情境”，注重营造学习情境的真实性。其二，由“知识中心”转向“能力（素养）中心”，培养学生形成高于学科知识的学科素养。要扭转知识本位的思想，就一定要在把知识转化、内化和升华为能力与素养上下足工夫。教师需要确立“通过知识获得教育”而不是“为了知识的教育”的教育思想。其三，由“教师中心”转向“学生中心”，促进学生主动学习和合作学习的意识与能力，激发学生的学习兴趣，引导学生自主学习和培养学生合作学习。第三，要依据学业质量标准进行考试评价。弱化和取消考试都是不对的，也是不可持续的。考试改革是教育改革与发展的重要组成部分，强化考试评价方式改革是确保改革可持续发展的关键所在，也是必要的保障条件。要迅速推进从“知识中心”转向“能力（素养）中心”的考试内容改革推动应试教育向素质教育转变；要创新评价手段和方法，保障以核心素养为导向的考试评价。传统的考试方法在内容和表现上过于单一，命题时不仅未能充分考虑学生问题解决、科学探究等综合素质和能力，纸笔考试方式本身也会存在诸多限制，难以在真实情境下测查学生问题解决、创新及品德和价值观等方面的素养与能力，不能完全满足当前的需求。因此需要推进基于核心素养的考试评价改革。

参考文献

《教育规划纲要》工作小组办公室，2010. 教育规划纲要学习辅导百问[M]. 北京：教育科学出版社.

阿依提拉·阿布都热依木，2012. 民族政策推动下的俄罗斯民族教育发展及其政策特征[J]. 比较教育研究，(2)：60-64.

白美玲，2006. 当代俄罗斯基础教育课程改革研究[D]. 上海：华东师范大学：12-15.

白晓红，2000. 普京的“俄罗斯思想”[J]. 东欧中亚研究，(2)：73-77.

白新良，1995. 中国古代书院发展史[M]. 天津：天津大学出版社.

白彦茹，2002. 日本中小学课程改革述评[J]. 比较教育研究，(S1)：253-258.

白月桥，2000. 俄罗斯课程改革的具体剖析及其借鉴意义（上）[J]. 首都师范大学学报（社会科学版），(6)：105-115.

贝文力，顾恒，2012. 俄罗斯普通高中侧重专业式教学研究[J]. 教育发展研究，(20)：37-40.

蔡清田，2016. 国民核心素养之课程统整设计[J]. 上海教育科研，(2)：5-9.

常珊珊，李家清，2015. 课程改革深化背景下的核心素养体系构建[J]. 课程·教材·教法，(9)：29-35.

陈培瑞，2004. 基础教育新课改：反观与前瞻后的沉思[J]. 教育学术月刊，(Z1)：3-5.

陈晓端，2003. 当代英国中小学课程与教学改革探析[J]. 教育研究，(4)：80-85.

陈学恂，1986. 中国近代教育史教学参考资料：上册[M]. 北京：人民教育出版社：532-551.

程良宏，2015. 从教材改革到文化变革：教育课程改革的视域演进[J]. 教育发展研究，(2)：47-52.

褚宏启，2016. 核心素养的概念与本质[J]. 华东师范大学学报（教育科学版），(1)：1-3.

崔成前，2004. 日本中学课程改革及其启示[J]. 辽宁教育研究，(7)：46-48.

崔冠宇，2007. 大学生学习时间管理策略的应用特点及其影响因素[D]. 开封：河南大学：4.

崔国富，2005-10-22. 课程改革中，两种教育观应有正确的选择[N]. 中国教育报(3).

崔允漷，2016. 素养：一个让人欢喜让人忧的概念[J]. 华东师范大学学报（教育科学版），(1)：3-5.

崔允漷，汪贤泽，2006. 基础教育课程改革的意义、进展及问题[J]. 全球教育展望，(1)：31-35.

丁笑炯，1997. 近年来我国个别化教学研究述要[J]. 上海教育科研，(4)：12-17.

杜成宪，丁钢，2004. 20世纪中国教育的现代化研究[M]. 上海：上海教育出版社.

方明生，2005. 日本课程改革的线路图与风向标——简评《现代日本教育课程改革》[J]. 教育发展研究，(18)：107-108.

冯生尧，2004. 课程改革：世界与中国[M]. 广州：广东教育出版社：246.

佛罗斯特，1987. 西方教育的历史和哲学基础[M]. 吴元训译. 北京：华夏出版社：45.

付谢好，和学新，2014. 新世纪以来美国基础教育课程改革及其启示[J]. 河北师范大学学报（教育科学版），(3)：53-60.

高红梅，1997. 开展与美国“2061 计划”的合作研究促进我国基础科技教育改革[J]. 教育与现代化，(3)：67-71.

高欣，叶赋桂，赵伟，2005. 俄罗斯关于普通教育标准的争论[J]. 清华大学教育研究，(6)：73-77.

高益民，2002. 日本教育改革的新自由主义侧面[J]. 清华大学教育研究，23(6)：45-52.

高玉洁，2007. 俄罗斯《普通教育国家教育标准》研究[D]. 南京：南京师范大学：31-32.

弓丽娜，2012. 论日本高中课程设置对我国素质教育的启示与建议[J]. 太原大学教育学院学报，(2)：6-10.

顾美玲，1994. 战后日本五次中小学课程改革述论[J]. 四川师范大学学报（社会科学版），(3)：104-112.

顾明远，2010. 教育考试评价制度比较研究[M]. 北京：人民教育出版社.

顾明远，2015. 核心素养：课程改革的原动力[J]. 人民教育，(13)：17-18.

郭建鹏，2015. 基础教育课程改革理念的反思与建构——基于学习心理学的视角[J]. 教育科学，3(8)：36-40.

郭元祥，2015. 课堂教学改革的基础与方向——兼论深度教学[J]. 教育研究与实验，(6)：1-6.

国家督导团，2006. 国家教育督导报告 2005——义务教育均衡发展：公共教育资源配置状况[J]. 教育发展研究，(5)：1-8.

国家督导团，2009. 国家教育督导报告 2008（摘要）——关注义务教育教师[J]. 教育发展研究，(1)：1-5.

国家教育发展研究中心，1999. 发达国家教育改革的动向和趋势：第 6 集[M]. 北京：人民教育出版社.

何云鹏，2010. 冯桂芬变法思想刍议[J]. 长白学刊，(6)：107-109.

和学新，高飞，2014. 新世纪以来俄罗斯基础教育课程改革及其启示[J]. 当代教育与文化，(1)：41-49.

黄希庭，张志杰，2001. 论个人的时间管理倾向[J]. 心理科学，(5)：516-518.

姜钢，2016-10-11. 探索构建高考评价体系全方位推进高考内容改革[N]. 中国教育报(3).

焦晓骏，2011. 将学习的主动权还给学生——有关英国教育的四个话题[J]. 江苏教育，(6)：30-32.

教育部新闻办公室，中央教育科学研究所，2010. 对话教育热点 2009[M]. 北京：教育科学出版社.

金陵，2013a. 大数据与信息化教学变革[J]. 中国电化教育，(10)：8-13.

金陵，2013b. 中美“翻转课堂”比较及其思考[A]//徐福荫，黄慕雄. 教育技术协同创新与多元发展. 北京：北京邮电大学出版社：58-63.

靳玉乐，2003. 多元文化背景中基础教育课程改革的基本思路[J]. 教育研究，(12)：73-74.

靳玉乐，艾兴，2005-05-28. 新课程改革的理论基础是什么[N]. 中国教育报(3).

阚兆成，2003. 新课程：素质教育观念的重要实践[J]. 当代教育科学，(2)：22-24.

课程教材研究所，2003. 综合课程论[M]. 北京：人民教育出版社.

劳凯声，2005. 公共教育体制改革中的伦理问题[J]. 教育研究，(2)：3-11.

李帆，2015. 核心素养，一枚改变教育内涵的“楔子”[J]. 人民教育，(24)：18-20.

李国钧，王炳照，2000. 中国教育制度通史[M]. 济南：山东教育出版社.

李建年，陈晓筑，2001. 关于“分层教学”的理论及策略[J]. 贵州教育学院学报（社会科学版），(6)：40-43.

李建忠，刘松年，2008. 《俄罗斯联邦教育法》对我们的若干启示[J]. 教育探索，(9)：142-143.

李莉，2011. 俄罗斯国家统一考试十年发展述评[J]. 俄罗斯中亚东欧市场，(10)：49-54.

李茂，2008-02-27. 日本颁布最新《学习指导要领》宽松教育即将谢幕[N]. 中国教师报(5).

李荣田，2010. 追求卓越——20 世纪末美国基础教育改革[D]. 济南：山东师范大学.

李协京，2002. 从基础教育课程改革看日本注重发展个性的教育[J]. 比较教育研究，(12)：234-238.

李学书，2011. 求同存异：杜威和凯洛夫教育思想的比较与启示[J]. 外国中小学教育，(3)：49-52.

李艳辉，2013. 俄罗斯基础教育创新发展动向及启示[J]. 中国教育学刊，(2)：89-92.

李艺，钟柏昌，2015. 谈“核心素养”[J]. 教育研究，(9)：18-23.

联合国教科文组织，1996a. 教育——财富蕴藏其中[M]. 北京：教育科学出版社：23.

联合国教科文组织，1996b. 学会生存[M]. 北京：教育科学出版社.

林崇德，2016. 对未来基础教育的几点思考[J]. 课程教材教法，(3)：3-8.

林宠明，2002. 对信息化社会人才素质和教育的理性思考[J]. 教育探索，(6)：33-35.

刘春修，2007-03-26. 日本高中的个性化课程设置[N]. 中国教育报(8).

刘复兴，2002. 我国教育政策的公平性与公平机制[J]. 教育研究，(10)：45-50.

刘绛华，2006. 软实力——知识经济时代核心竞争力的关键[J]. 求实，(12)：71-74.

刘楠，肖甦，2011. 21 世纪以来俄罗斯推动义务教育城乡均衡发展的政策述评[J]. 比较教育研究，(8)：70-74.

刘晟，魏锐，周平艳，等，2016. 21 世纪核心素养教育的课程、教学与评价[J]. 华东师范大学学报（教育科学版），(3)：38-44.

刘祥辉，程家福，2008. 从泰勒到多尔——后现代课程观的解读及启示[J]. 继续教育研究，(5)：151-153.

刘长庆，2009. 英国也“不让一个孩子掉队”——《你的孩子，你的学校，我们的未来：建设 21 世纪学校系统》白皮书评析[J]. 上海教育，(10B)：41-43.

吕达，周满生，2004. 当代外国教育改革著名文献：日本、澳大利亚卷[M]. 北京：人民教育出版社.

马德益，2010. 新世纪日本中小学课程改革阻力及调适[J]. 外国中小学教育，(2)：11-16.

马福迎，2005-08-13. 对《靳文》有些观点，不敢苟同[N]. 中国教育报(3).

马宇，2013. 英国 2020 基础教育发展目标与政策实施[J]. 教育与管理，(1)：86-88.

迈克•富兰，2000. 变革的力量：透视教育改革[M]. 中央教育科学研究所，加拿大多伦多国际学院译. 北京：教育科学出版社.

毛泽东，1952. 中国革命和中国共产党[M]. 北京：人民出版社.

毛泽东，1976a. 关于正确处理人民内部矛盾的问题[M]. 北京：人民出版社.

毛泽东，1976b. 在晋绥干部会议上的讲话[M]. 北京：人民出版社.

缪学超，2012. 布朗执政时期英国基础教育政策文本分析[J]. 当代教育理论与实践，(9)：10-13.

娜斯佳，2012. 近20年俄罗斯教学论研究和教学实践改革[D]. 哈尔滨： 哈尔滨师范大学：39-41.

潘新民，张薇薇，2006. 必须走出后现代知识观——试论科学知识教育的作用与价值[J]. 教育学报，(4)：18-21.

裴娣娜，2012. 课程领导力与学校课程规划与设计[J]. 基础教育论坛，(30)：4-5.

裴子篆，2005. 日本反思宽松教育[EB/OL]. http：//edu.sina.com.cn/m/2005-04-12/110822.html[2017-03-20].

彭寿清，2004. 日本基础教育课程改革及特点[J]. 当代教育科学，(18)：46-48.

乔莉莉，赵惠芳，2004. 俄罗斯普通教育高年级专业化课程实施之管窥[J]. 外国教育研究，(9)：18-21.

瞿葆奎，1993. 教育学文集·英国教育改革[M]. 北京：人民教育出版社.

邵朝友，周文叶，崔允漷，2015. 基于核心素养的课程标准研制：国际经验与启示[J]. 全球教育展望，(8)：14-22.

邵光华，卢萍，2014. 我国基础教育研究热点透视与趋势展望[J]. 宁波大学学报（教育科学版），(6)：50-55.

沈晓敏，市川博，2007. 日本教材的编写机制[J]. 现代教学，(3)：54-57.

施久铭，2014. 核心素养：为了培养“全面发展的人”[J]. 人民教育，(10)：13-15.

石鸥，2016. 核心素养的课程与教学价值[J]. 华东师范大学学报（教育科学版），(1)：9-11.

石少岩，2007. 俄罗斯普通教育国家标准研究[D]. 北京：首都师范大学：38-42.

史宁中，2016. 推进基于学科核心素养的教学改革[J]. 中小学管理，(2)：19-21.

宋群豹，2005.“师夷长技以制夷”——中国近代教育理念与传统文化琐议旅[J]. 管子学刊，(4)：114-115.

宋一苇，2006. 后现代在中国：时尚的？还是批判的?[J]. 中国图书评论，(3)：25-28.

孙杰远，2014. 中小学校长专业发展的创新实践[R]. 桂林：广西师范大学教育科学学院.

陶西平，2016. 21世纪课程议程：背景、内涵与策略[J]. 比较教育研究，(2)：1-5.

田静，2005. 20世纪90年代以来日本的基础教育课程改革[D]. 昆明：云南师范大学.

汪霞，2000. 国外中小学课程演进[M]. 济南：山东教育出版社：492-493.

汪霞，2009. 新世纪发达国家基础教育课程改革的背景、理念及启示[J]. 外国中小学教育，(8)：1-6.

汪中求，2009. 时间管理的精细化[J]. 人力资源，(15)：66-67.

王本陆，2006. 论中国国情与课程改革[J]. 北京师范大学学报（社会科学版），(4)：18-27.

王斌来，禹伟良，程远洲，2014-10-03. 改革深度，剑指利益破藩篱——来自全面深化改革实践的观察与思考之二[N]. 人民日报(1).

王策三，2013. 应该尽力尽责总结经验教训——评“十年课改：超越成败与否的简单评价”[J]. 教育科学研究，(6)：7-19.

王焕勋，1988. 马克思教育思想研究[M]. 重庆：重庆出版社：186.

王奇生，2003. 党员、党权与党争：1924－1949 年中国国民党的组织形态[M]. 上海：上海书店出版社.

王青汉，2009. 英国基础教育改革值得借鉴的几个特点[J]. 基础教育，(9)：18-21.

王旭阳，肖甦，2011. 俄罗斯现行教育质量评估体系述评[J]. 比较教育研究，(2)：76-80.

王义高，2002. 俄《联邦教育发展纲要》的要点分析[J]. 比较教育研究，(1)：31-36.

王志强，2010.《2009 美国复苏与再投资法案》教育项目解读[J]. 比较教育研究，(4)：62-66.

王智新，潘立，2004. 日本基础教育[M]. 广州：广东教育出版社：22.

吴永军，2010. 正确认识新课程改革的理论基础及其价值取向[J]. 教育科学研究，(8)：5-8.

伍兴艳，2009. 网络存储自动化测试平台的设计与实现[D]. 成都：电子科技大学：1.

武云斐，2009. 《不让一个孩子掉队》法案的理想与现实[J]. 基础教育，(11)：53-59.

夏心军，2003. 日本义务教育课程改革及其启示[J]. 教学与管理，(2)：78-80.

夏雪梅，2013. 基于学生核心素养的学校课程建设：水平划分与干预实例[J]. 课程・教材・教法，(7)：11-16.

谢维和，2016. 谈核心素养的“资格”[J]. 中国教育学刊，(5)：卷首语.

辛涛，2016. 学生发展核心素养研究应注意几个问题[J]. 华东师范大学学报（教育科学版），(1)：6-7.

辛涛，姜宇，2014. 基于学生核心素养的课程体系建构[J]. 北京师范大学学报（社会科学版），(1)：5-11.

邢红军，2011a. 再论中国基础教育课程改革：方向迷失的危险之旅[J]. 教育科学研究，(10)：5-22.

邢红军，2011b. 中国基础教育课程改革：方向迷失的危险之旅[J]. 教育科学研究，(4)：5-21.

邢红军，2012. 三论中国基础教育课程改革：方向迷失的危险之旅[J]. 教育科学研究，(10)：5-23.

颜阳，魏戚光，2010. 日本近代基础教育课程改革的特点及启示[J]. 课程教材教学研究：中教研究，(5)：6-7.

杨爱程，1992. 简评美国总统布什的教育方略《美国 2000 计划》[J]. 比较教育研究，(4)：44-48.

杨大伟，2007. 凯洛夫《教育学》：斯大林意识形态的教育代表作[J]. 全球教育展望，(8)：13-19.

杨静，2014. 新世纪以来日本基础教育课程改革及其启示[J]. 河北师范大学学报（教育科学版），(3)：61-67.

杨军，2005. 英国促进基础教育均衡发展政策综述[J]. 外国教育研究，(12)：6-10.

杨雅琼，2004. 二战以来英国小学课程发展与变革的研究[D]. 兰州：西北师范大学.

杨亚敏，2006. 21 世纪初美国农村基础教育改革研究[D]. 昆明：云南师范大学.

杨益茂，1996. 洋务运动时期的新式教育[J]. 北京社会科学，(1)：108-118.

姚诗鸣，2001. “周围世界”——俄罗斯小学一至四年级的一门课程[J]. 外国中小学教育，(1)：43-46.

余文森，2016. 从三维目标走向核心素养[J]. 华东师范大学学报（教育科学版），(1)：13-15.

喻长志，2013. 大数据时代教育的可能转向[J]. 江淮论坛，260(4)：188-192.

约翰 D 麦克尼尔，1990. 课程导论[M]. 施良方等译. 沈阳：辽宁教育出版社：145-146.

约翰・马尔科夫，2015. 与机器人共舞[M]. 郭雪译. 杭州：浙江人民出版社：11.

臧佩红，2010. 日本近现代教育史[M]. 北京：世界知识出版社：382 .

曾珍香，顾培亮，张闽，1998. 可持续发展的概念及内涵的研究[J]. 管理世界，(2)：209-210.

翟俊卿，2006. 英国《为了全体学生：更高的标准，更好的学校》白皮书评述[J]. 世界教育信息，(3)：16-19.

张华，2016. 核心素养与我国基础教育课程改革再出发[J]. 华东师范大学学报（教育科学版），(1)：7-9.

张吉先，单永刚，虞江锋，等，2015. 大数据环境下学习资源元模型的研究与应用[J]. 中国电化教育，9：71-76.

张菊荣，2005. “新课改”三思[J]. 教书育人，(9)：22-23.

张琳，2006. 现代性：规范、反思、建构——对当代中国现代性建构的思考[J]. 江海学刊，(1)：210-216.

张妹芝，2011. 促进平等，追求卓越[D]. 保定：河北大学.

张娜，2013. DeSeCo 项目关于核心素养的研究及启示[J]. 教育科学研究，(10)：39-44.

张男星，2005. 俄罗斯国家课程标准述评[J]. 课程·教材·教法，(6)：90-96.

张男星 2006. 试析俄罗斯课程内容和评价手段的变化[J]. 俄罗斯研究，(1)：75-78.

张楠，2014. 新世纪以来英国基础教育课程改革及其启示[J]. 河北师范大学学报（教育科学版），(3)：68-75.

张晓蕾，2012. 英国基础教育质量标准《国家课程》及监控系统[J]. 全球教育展望，(5)：42-48.

张韫，2013. 大数据改变教育——写在大数据元年来临之际[J]. 上海教育，(10)：29-32.

赵中建，1997. 在“轻松宽裕”中培养学生的“生存能力”——日本《面向 21 世纪我国教育的发展方向》咨询报告述评[J]. 现代教育论丛，(5)：26-28.

郑锋，2015. 四个国家的基础教育课程理论与实践溯源[J]. 教育理论与实践，(31)：45-50.

中国第二历史档案馆，2000. 中国国民党中央执行委员会常务委员会会议录(20)[M]. 桂林：广西师范大学出版社：375.

中华人民共和国科学技术部农村与社会发展司，2004. 2003 中国可持续发展科技报告[M]. 北京：中国农业出版社.

钟启泉，2001. 世界课程改革趋势研究[M]. 北京：北京师范大学出版社.

钟启泉，2016. 基于核心素养的课程发展：挑战与课题[J]. 全球教育展望，(1)：3-24.

朱成科，2007. 基于基础教育改革的课程哲学反思——关于“新课程改革”三个理论问题的探讨[J]. 当代教育科学，(10)：3-7.

朱小曼，2015. 将学生核心素养的发展作为小学教育的使命[J]. 人民教育，(13)：19-21.

竹琳，2014. 课程整合：重庆教育改革“新冲击波”[DB/OL]. http：//www.cqrb.cn/zhuankan/jiaoyu/2014-02-11/215346.html[2017-07-09].

祝怀新，2004. 英国基础教育[M]. 广州：广东教育出版社：64.

Reid A，2013. Rethinking national curriculum collaboration：Towards an Australian curriculum[EB/OL]. http：//www.Dest.gov.au/research/publications/national_ curriculum/default.htm[2017-06-17].

附　录

一、奏定学堂章程学务纲要（癸卯学制）（节选）[①]

全国学堂总要。京外大小文武各学堂，均应钦遵谕旨，以端正趋向、造就通才为宗旨，正合三代学校选举德行道艺四者并重之意。各省兴办学堂，宜深体此意。从幼童入：初等小学堂始，为教员者，于讲授功课时，务须随时指导，晓之以尊亲之义，纳之子规矩之中，一切邪说玻词严拒力斥，使学生他日成就，无论为土为农为工为商，均上知爱国，下足立身，始不负朝廷兴学之意。外国学堂，于智育体育外，尤重德育，中外固无二理也。

大小各学堂各有取义。大小学堂，理原一贯，惟各学堂各有取义：家庭教育、蒙养院、初等小学堂，意在使全国之民，无论贫富贵贱，皆能淑性知礼，化为良善。高等小学堂、普通中学堂，意在使入此学者，通晓四民皆应必知之要端，仕进者有进学之阶梯，改业者有谋生之智能。高等学堂、大学堂，意在讲求国政民事，各种专门之学，为国家储养任用之人才。通儒院，意在研究专门精深之义蕴，俾能自悟新理，自创新法，为全国学业力求进步之方，并设立中国旧学专门，为保存古学古书之地。实业学堂，意在使全国人民具有各种谋生之才智技艺，以为富民富国之本。译学馆，意在通晓各国语文，俾能自读外国之书，一以储交涉之才，一以备各学校教习各国语文之选，免致永远仰给外国教师。进士馆，意在使已经得第入官者，通知各种实学大要，以应济时急需。师范学堂，意在使全国中小学堂，各有师资。此为各项学堂之本源，兴学人手之第一义。

京外各学堂俱照新章，以归画一。此次遵旨修改各学堂章程，以忠孝为敷教之本，以礼法为训俗之方，以练习艺能为致用治生之具，其宗旨与上年大学堂原定章程本无歧异，惟学堂本系创办，前章尚有未备之处，兹更体察近日情形，斟酌修改，条目更加详密，课程更加完备，禁戒更加谨严。即湖北等省学堂章程前经奏定者，一并会通酌改，令归画一。所有原定章程之应共遵守者，均已归并本

---

① 陈学恂. 中国近代教育史教学参考资料：上册[M]. 北京：人民教育出版社，1986：532-551.

章程内。此后京外官绅兴办各种学堂，无论官设公设私设，俱应按照现定各项学堂章程课日，切实奉行，不得私改课程，自为风气。

宜首先急办师范学堂。（略）

各省办理学堂员绅，宜先派出洋考察。（略）

小学堂应劝谕绅富广设。初等小学堂为养正始基，各国均任为国家之义务教育。东西各国政令，凡小儿及就学之年而不入小学者，罪其父母，名为强迫教育。盖深知立国之本，全在于此。此时各省经费支绌，在官势不能多设，一俟师范生传习日多，即当督饬地方官，剀切劝谕绅富，集资广设。至蒙养院及家庭教育，尤为豫教之原。惟中西礼俗不同，不便设立女学及女师范学堂。现拟有蒙养院及家庭教育合一办法，详具专章。

各省宜速设实业学堂。（略）

各学堂尤重在考核学生品行。造士必以品行为先。各学堂考核学生，均宜于各科学外，另立品行一门，亦用积分法，与各门科学一体同记分数。其考核之法，分言语、容止、行礼、作事、交际、出游六项，随处稽察，第其等差；在讲堂由教员定之，在斋舍由监学及检察官定之。但学生既重品行，则凡选派教员学职，均须推择品行端正之员，以资表率。

中小学堂，宜注重读经，以存圣教。外国学堂有宗教一门。中国之经书，即是中国之宗教。若学堂不读经书，则是尧舜禹汤文武周公孔子之道，所谓三纲五常者，尽行废绝，中国必不能立国矣。学失其本则无学，政失其本则无政。其本既失，则爱国爱类之心亦随之改易矣，安有富强之望乎？故无论学生将来所执何业，在学堂时，经书必宜诵读讲解。各学堂所读有多少，所讲有浅深，并非强归一致。极之由小学改业者，亦必须曾诵经书之要言，略闻圣教之要义，方足以定其心性，正其本源。

惟经学奥博，春秋汉唐以来学者，本尚专经，或兼习一两经。国朝乾隆以前，乡会试房官，仍是分经取士。即经学诸大师，亦罕有兼精群经者，至于士林中才能读《十三经》者本少，大率只读《五经》《四书》，即《礼记》《左传》亦读节本者居多。现办中小学堂，科学较繁，晷刻有限，若概令全读《十三经》，则精力日力，断断不给，必致读而不能记，记而不能解，有何益处？且泛滥无实，亦非治经家法。兹为择切要各经，分配中小学堂内。若卷帙繁重之《礼记》《周礼》，则止选读通儒节本，《仪礼》则止选读最要一篇。自初等小学堂第一年，日读约四十字起，至中学堂，日读约二百字为止。大率小学堂每日以一点钟读经，以一点钟挑背浅解，（挑背者，随意择资质较钝数人，每人指令背诵数语，以省日力，浅解者，止讲浅显切用大义。）共合为两点钟，计每星期治经十二点钟。中学堂每星期以六点钟读经，以三点钟挑背讲解，计每日读经一点钟，间日挑背讲解一点钟，每星期治经九点钟。至温经一项，小学中学皆每日半点钟，归入自习时督课，不占讲堂时刻。兹酌加每日治经钟点，学生若其博考古今之疏解，研究精深之义蕴，及自愿兼通群经者，统归并不过劳，而读经讲经温经，绰有余裕，亦无碍讲习西学之日力。大学堂经学专科治之，于群经古学仍可保存不废。计中学堂毕业，皆已读过《孝经》《四书》《易》《书》《诗》《左传》，及《礼记》《周礼》《仪礼》节本，共计读过十经（《四书》内有《论语》《孟子》两经），并通大义。较之向来书塾书院所读所解者，已为加多。总之只在功课有恒，则每日并不多费时刻，而经书已不至荒费。盖数十年来，科目中入，曾读《九经》而能讲解者，不过十分之二三。若照此章程办理，则学堂中决无一荒经之人，不惟圣经不至废坠，且经学从此更可昌明矣。其读经之法，另见专章。

经学课程简要，并不妨碍西学。（略）

学堂不得废弃中国文辞，以便读古来经籍。中国各体文辞，各有所用。古文所以阐理纪事，述德达情，最为可贵。骈文则遇国家典礼制诰，需用之处甚多，亦不可废。古今体诗辞赋，所以涵养性情，发抒怀抱，中国乐学久微，借此亦可稍存古人乐教遗意。中国各种文体，历代相承，实为五大洲文化之精华，且必能为中国各体文辞，然后能通解经史古书，传述圣贤精理，文学既废，则经籍无人能读矣。外国学堂最重保存国粹，此即保存国粹之一大端。假使学堂中人，全不能操笔为文，则将来人官以后，所有奏议、公牍、书札、记事，将令何人为之乎？行文既不能通畅，焉能畀以要职重任乎？惟近代文人，往往专习文藻，不讲实学，以致辞章之外，于时势经济，茫无所知，宋儒所谓一为文人，便无足观，诚痛乎其言之也。盖黜华崇实则可，因噎废食则不可。今拟除大学堂设有文学专科，听好此者研究外，至各学堂中国文学—科，则明定日课时刻，并不妨碍他项科学，兼令诵读有益德性风化之古诗歌，以代外国学堂之唱歌音乐，各省学堂均不得抛荒此事。凡教员科学讲义，学生科学问答，于文辞之间，不得涉于鄙俚粗率。其中国文学一科，并宜随时试课论说文字，及教以浅显书信、记事文法，以资官私实用。但取理明词达而止，以能多引经史为贵，不以雕琢藻丽为工，篇幅亦不取繁冗。教法宜由浅入深，由短而长，勿令学生苦其艰难。中小学堂于中国文辞，止贵明通；高等学堂以上于中国文辞，渐求敷畅，然仍以清真雅正为宗，不可过求奇古，尤不可徒尚浮华。

戒袭用外国无谓名词，以存国文，端士风。（略）

小学堂勿庸兼习洋文。初等高等小学堂，以养成国民忠国家、尊圣教之心为主，各科学均以汉文讲授，一概毋庸另习洋文，以免抛荒中学根柢。必俟中国文义通顺，理解明白，考取入中学堂后，始准兼习洋文。计学生入中学堂时，年不过十六七岁，不患口齿不灵。各省官私所设初等高等小学堂，均应一体遵办，均不编洋文功课。惟高等小学堂，如设在通商口岸附近之处，或学生中亦有资敏家寒，将来意在改习农工商实业，不拟入中学堂以上各学堂者，其人系为急于谋生起见，在高等小学时，自可于学堂课程时刻之外，兼教洋文，应就各处地方情形，斟酌办理。惟童子正在幼年，仍以圣经根柢为主，万不准减少读经讲经，及中国文字功课钟点。至于在初等小学时，断不宜兼习洋文。

中学堂以上各学堂，必勤习洋文。今日时势，不通洋文者，于交涉、游历、游学，无不窒碍。而粗通洋文者，往往以洋文居奇。其猾黠悖谬者，则专采外国书报之大异乎中国礼法、不合乎中国政体者，截头去尾而翻译之，更或附会以一己之私意，故为增损，以求自圆其说。譬如日本福泽谕吉，维新之志士也，其著述数十百种，精理名言，不可胜纪，而中国译者，则专取其男女平权等篇译之，而其谈教育之本，谈政治之原者，则略之。如此之类，不胜枚举。其故有二：一则翻译之日少，印刷之资轻，可以易售而罔利。一则因中国通洋文者少，故摘取其单词片语以冀欺世而惑人，鄙险甚矣。假令中国通洋文者多，则此种荒谬悖诞之翻译，决无所施其伎俩。故中学堂以上各学堂，必生勤习洋文，而大学堂经学、理学、中国文学、史学各科，尤必深通洋文，而后其用乃为最大。斯实通中外、消乱贼、息邪说、距波行之窍要也。

参考西国政治法律宜看全文。（略）

私学堂禁专习政治法律。（略）

私学堂禁私习兵操。（略）

学生不准妄干国政，暨抗改本堂规条。（略）

师生员役均禁嗜好。学务繁重细密。凡从事学堂之员绅，及各科学教员，必审择精力强健，办事切实耐烦，不染嗜好者，方于教育有裨。查洋药为鸩毒之尤，各省学堂均应悬为厉禁。无论官师学生及服役之人，有犯此者，立行斥退，万不可稍从宽假。

学堂教员，宜列作职官，以便节制，并定年限。（略）

外国教员宜定权限。（略）

外国教员不得讲宗教。（略）

各学堂学生冠服宜归画一。（略）

各学堂皆学官音。（略）

小学堂日课止五点钟六点钟，并不为劳。外国高等小学，不过五点钟，初等小学，不过四点钟。所以养息幼童精力，用意本善。兹因中国学堂，须读经书，不得不酌增数刻，初等小学五点钟，高等小学六点钟。然初等小学每日功课，共止两个半时辰，在中国书塾，时刻并不为久。且所讲各科学，时常更易，并非专执一卷，令其埋头讽涌，自己足活泼精神。至初等小学，每口止读经书数十字，递增至一百字面止，高等小学，递增至一百六十字而止，在学童断不以此为苦，而学生可无荒经之弊。此实培养本源之要义，不得以课多借口。

日本小学堂亦有高声诵读，期于纯熟者，亦常有资质较钝，迟至日暮始散者；陆军学生，每二点钟讲授一二千字，必以全能记亿者，始给足分。谓外国读书必不责其记忆，无是理也。

各学堂科学，并不繁难，皆可按年毕业。现定各学堂课程科学，皆量学生之年齿精力而定，实可无竭蹶之虞。至高等学堂以上各科学门类，似乎繁多，然其中有名随意科者，则以余力为之，愿习与否，听学生自审才力，可不相强，亦系外国通例。中国初办学堂，学生程度，未敢遽求全备，故将各随意科目，量为减缓，留待第一期毕业，或第二三期毕业后，体察学生程度，渐次增加。查日本初办学堂之前十余年，科目并不全备，乃历年陆续增加，此为改章创法者之一定步骤。此次课程，既仿照外国办法，亦体察中国情形，较诸外国学堂，课程减省已多。查每一科学教授之书，不过一两本，合计三四年之中，每日所占时刻有限，实不得谓为繁难。盖外国学问，最精计算，最重卫生。其所定学堂课程，大率中人之资力所优为者。今每日功课，少者四五点钟，至多者不过六点钟，藏修息游，各有其时，每星期又歇息一日，较之向来学塾穷年不息、夜分不休者，宽舒多矣。

科学相间讲授，乃各国成法，具有深意。各科学相间讲授，东西各国学堂通例，无不如此。每日此门数刻，他门又数刻，一日内讲习至五六种，看似繁难，其实具有深意。为其功课难易相配，不致过劳生厌，而各种科学同时并讲，亦有互相补助之益。

各学堂科目年限，与各国学堂有酌改处。中国礼教政俗，与各国不能尽同。现在学堂讲求实用，一切科学，取资于各国者居多；然亦有中国向有之学，为各国所无，应加习者；有各国所重，而与中国不宜，应暂从缺者。科学既有变通，年限自须酌改，将来仍视学生程度何如，随时更定。至于移风易俗，莫善于乐，秦汉以前，庠序之中，人无不习。今外国中小学堂、师范学堂，均设有唱歌音乐一门，并另设专门音乐学堂，深合古意。惟中国古乐雅音，失传已久，此时学堂音乐—门，只可暂从缓设，俟将来设法考求，再行增补。

中小学堂酌改年限，统计仍与原章相合。查原定章程：小学分三级，蒙学课程四年，初等小学、高等小学，课程各三年，中学课程四年，合计中小学堂共十四年毕业。兹以原定蒙学堂课程，实即外国小学堂课程，因即并入初等小学，改为五年毕业。此项学堂，国家不收学费，以示国民教育，国家任为义务之本意。而另订蒙养院及家教合一章程，以明保育幼儿之要义，不归入学堂统系就学年龄之内。其高等小学，则展为四年，中学则展为五年，俾学生于所受经书，得以从容诵习，日力有余，而于应习之普通各学科时刻，仍无妨碍。统计小学学期，较原章减短一年，而于中学学期，加展一年，前后仍合为十四年，并无出入。

理学宜讲明，惟贵实践而忌空谈。（略）

各堂兼习兵学。（略）

教科书应颁发目录，令京外官局私家合力编辑，书成后编定详细节目讲授。外国中小学堂，于各科学均有教授详细节目，（详细节目者，谓某门某科用某书教授，此书或一年讲毕，或几月几日讲毕，一星期讲若干，自何处起，至何处止。）所以齐一各处同等学堂之程度，而使任教员者有所据依，以定教授科学之次序，立法最善。查京师现设编译局，专司编辑教科书，惟应编各书，浩博繁难，断非数年所能蒇事，亦断非一局所能独任。应令京外各学堂，择各科学教员之学望素著者，中学用中国教员，西学用外国教员，查照现定各学堂年限钟点，此书共应若干日讲毕，卷叶应须若干，所讲之事，孰详孰略，孰先孰后，编成目录一册，限三月内编成，由学务大臣审定，颁发各省，令京外编译局，分认何门何种，按照目录，迅速编辑。书成后，咨送学务大臣审定，颁行各省，重出无妨，择其尤精善者用之。盖视此学堂之程度，以为教科书之浅深；又视此学堂之年限，以为教科书之多少。其书自然恰适于用，然后将此书分成详细节目，每年讲若干，每星期讲若干，自何处起，至何处止，共若干日讲毕。其初则各局按颁发之目录以编书，其后则各教员按颁发之书以分节目，则各学堂皆无歧出，亦无参差矣。然官局分编，亦需时日，尤要在使私家各勤编纂，以待裁择，尤为广博而得要。如有各省文士，能遵照官发目录，编成合用者，亦准呈送学务大臣鉴定，一体行用，予以版权，准著书人自行印售，以资鼓励。

采用各学堂讲义及私家所纂教科书。官编教科书，未经出版以前，各省中小学堂，亟需应用，应准各学堂各科学教员，按照教授详细节目，自编讲义。每一学级终，即将所编讲义汇订成册，由各省咨送学务大臣审定，择其宗旨纯正，说理明显，繁简合法，善于措词，合于讲授之用者，即准作为暂时通行之本。其私家编纂学堂课本，呈由学务大臣鉴定，确合教科程度者，学堂暂时亦可采用，准著书人自行刊印售卖，予以版权。

选外国教科书实无流弊者，暂应急用。（略）

教员宜多看参考书。（略）

毕业升等奖给出身，均由试官考定。高等小学毕业给凭，归地方官考试核办。升入中学堂者，归学政考试给奖。中学堂毕业给凭，归道府大员考试核办。升入高等学堂者，归督抚会同学政考试给奖。高等学堂毕业，奏请简放主考，会同督抚学政考试。大学堂毕业，奏请简放总裁，会同学务大臣考试。凡考试应各视所学程度，分门详加考验，为外场，并须另行扁试论说文字，为内场。俟内外场考毕，合计内外场分数，暨平日品行分数合格者，照另订专章，分别奏请赐予各项出身，分别录用。照此考试奖励之法，优劣能否，众目共睹。其学业既非凭一日之短长，又可考平日之品行，试官既不致臆为高下，教员亦无所用其偏徇，庶足以兼考学行，杜侥幸而得真才。较之向来科举之去取，似为核实。

学堂兼有科举所长。凡诟病学堂者，盖误以为学堂专讲西学，不讲中学故也。现定各学堂课程，于中国向有之经学、史学、理学及词章之学，并不偏废，且讲读研求之法，皆有定程，较向业科举者，尤加详备。查向来应举诸生，平日师无定程，不免泛骛，人事纷杂，亦多作辍，风檐试卷；取办临时。即以中学论，亦远不如学堂之有序而又有恒，是科举所尚之旧学，皆学堂诸生之所优为；学堂所增之新学，皆科举诸生之所未备。则学堂所出之人才，必远胜于科举之所得无疑矣。

学务人员援案保奖。（略）

各学堂应令学生贴补学费。（略）

各省初办之学堂学额，暂不限数。（略）

学堂未毕业学生，不准应乡会试、岁科考。各学堂毕业学生，已定有出身，与科举无异，在学堂受业期内，概不准另应乡会试、岁科考及各项考试，以免旷日分心，延误学期。其毕业生领有凭照离堂后，而升级学堂，未经考取收入者，

（谓小学升中学，中学升高等学，高等学升大学之类。）如在科举未停以前，其愿应乡会试及各项考试者，各听其便。应由学务大臣咨行各省，通饬各学堂遵照。

各学堂斥退学生，不准投考他学堂。各学堂犯规斥退学生，概不准更名改籍，另投别处学堂。情节轻者，如一年内，查其真能改悔，取具保人本人各甘结，仍可另行考选，收入本省学堂，以观自新之效。情节重者，永远不准再入学堂，以示古人移郊移遂之罚。应由学务大臣通咨各省，凡以后各学堂遇有斥退学生，应将该学生姓名籍贯事由，呈报本省学务处，详请督抚咨行本省外省各学堂存案。如有斥退后改名，混入他省学堂者，应严定惩罚条例。查出后，应将保结人议处。（学生非有大过，仅止记过儆戒。其不得不斥退者，必确系犯有重情，及屡戒不悛之败类，断不宜令混入他学堂。若此例不严，学生断不能受约束也。）

学生未毕业不准另就他事。各学堂未经毕业学生，概不准无故自行退学，及由他处调充别项差使。如有故犯禁令，希图退学，及于放假期内潜往他省就事者。查出后，除咨照该省立即撤退押送回籍外，并应追缴在学堂时一切费用，惟保人是问。

京师大学堂宜先设预备科及后续部分。（略）

二、中共中央、国务院批转教育部临时党组《关于克服中小学学生负担过重现象和提高教学质量的报告》①

各中央局，各省、市、自治区党委、人民委员会，中央各部委、各党组，军委总政治部：

中央同意教育部临时党组《关于克服中小学学生负担过重现象和提高教学质量的报告》，现在转发给你们，请根据各地具体情况，按照报告的精神研究执行。

克服中小学校学生学习负担过重的现象和片面追求升学的思想，不但是提高教学质量所必需的，而且是关系到办什么样的学校、培养什么样的人的重大问题，是关系到培养坚强的有文化的劳动的革命后代、发展国家科学文化的根本大计，必须引起各级党委和政府的足够重视。因此，应该在社会上和中、小学校中正确地和广泛深入地宣传党的教育方针，充分调动广大中、小学校教育工作者的积极性，努力改进教学方法和考试方法，注意发挥学生在学习中的主动性，切实做到既克服了学生过重负担，又提高了教学质量。

---

① 资料来源：新华网2009年8月19日发布。

各级教育领导部门还需要认真进行调查研究，总结好学校和好教师的经验，树立活的样板，做到方向明确，方法稳妥，防止发生另一方面的偏向，例如，因为减轻了学生负担，就降低了教学质量，就重新发生开会过多或劳动过多的现象，就把课外时间去做各种各样的活动以致学生不能好好温课和休息，就不安排应该安排的课外作业，就不去督促学生勤奋学习等等。对于抱着怀疑态度的人，应该用耐心说服的办法，决不可采取简单急躁、强迫命令的办法。

中共中央

国务院

一九六四年五月四日

关于克服中小学学生负担过重现象和提高教学质量的报告

（一九六四年三月三十一日）

中央、国务院：

近来，中小学学生课业负担过重的现象有所发展，有些情况已经相当严重。一般地说，中学比小学重，毕业班比非毕业班重，特别是有些重点学校的学生负担更重。

最突出的现象有三多：一是课程门类多，特别是同一时期齐头并进的课程门类太多。二是课外作业多。教科书中有些部分习题已经过多，学校又常常另外补充习题；加以许多教师讲授不甚得法，往往失之于烦琐，而将应当在课堂内完成的练习和作业，挤到课外去作。三是测验考试多，而且采用突然袭击办法。这一切，都使学生经常处于被动和紧张状态。学生每天学习时间，初中达十小时左右，高中达十一小时左右，有些小学高年级也超过了八小时。

造成学生课业负担过重的原因是多方面的。根本原因是我国中小学的课程设置、教学方法、考试办法等方面改革的还不彻底，有些方面仍然沿袭着资产阶级旧教育的一套，有些方面是教条主义地抄袭苏联的办法。教学内容繁杂，但结合阶级斗争和生产斗争的实际却很不够。当前，直接影响学生负担的则是片面追求升学的思想。“学而优则仕”，脱离劳动，这种剥削阶级思想的影响很深很广，在社会上和教育工作中是一种旧的习惯势力。反映到学校工作中，近几年又发展为片面追求升学率。从这种错误的思想出发，衡量一所学校，片面看升学率高低；衡量一个教师，单纯看所教学科的考试分数。有不少学校因此就不顾一切地增加学生的课业负担；有的甚至对国家、对上级弄虚作假，千方百计使本校的学生有更高的升学率。

片面追求升学率和教学制度、教学方法上存在着的这些问题，为害很大。它把学生死死地束缚在课业重压下，不仅使许多学生失去了学习的主动性，不能真正学好功课，而且削弱了思想政治教育和生产劳动教育，损害了学生的健康，很不利于学生在德智体诸方面生动活泼地主动地得到发展。有些青年尽管学了不少死知识，但是思想僵化，将来离开学校参加社会生活，也不会有能力解决阶级斗争、生产斗争中的实际问题。不仅如此，如果听任这些情况继续发展下去，势必还会使青年们脱离无产阶级政治，脱离生产劳动，一心向往升学，追名逐利，为所谓“个人幸福”生活而奋斗，不能升学就悲观失望，不肯参加劳动，成为游民，甚至对社会主义制度心怀不满。这就会成为产生修正主义的社会基础。

上述这些问题，中央和主席已多次指示我们改正。但是，我们对中央和主席的指示学习不够，体会不深，没有很好地贯彻执行。我部领导思想中，有资产阶级教育思想的残余，加以我们对社会主义的教育工作缺乏足够的经验，因而，过去一个长时期里，我们办教育偏重于考虑升学，对资产阶级的教学制度和教学方法（包括凯洛夫教育学的错误的东西），就易于接受，而难于改正，并且还一度排列过高考分数名次，使片面追求升学率的思想更加发展。近几年来，在中央和主席的教导下，我们在认识上虽然有所提高，并且曾经采取过一些改正错误的措施，但是，由于我部工作上存在官僚主义，对各地涌现出来的贯彻执行党的教育方针的好经验，缺乏认真的调查研究和总结推广，对学校中存在的片面追求升学率，课多书多，死教死考等等问题，也未能抓紧从教育思想上予以及时指导，以致学生课业负担过重的现象逐渐发展得更严重了。最近，中央和主席再次提出这些问题，又一次对我们敲了警钟。我们决心改正，并且希望取得广大的革命教育工作者的帮助。

在最近召开的全国教育厅局长会议上，大家重新学习了毛主席和中央指示的精神，一致认为，党的教育方针是正确的，但是，我们执行方针的办法不对，必须从根本上加以解决。

大家都觉得，应该郑重地重申：我们的教育方针，是使受教育者在德育、智育、体育几方面都得到发展，成为有社会主义觉悟的有文化的劳动者；教育必须为无产阶级的政治服务，教育必须与生产劳动相结合。中小学校的学生，在现在的条件下，除了极小部分能够升入高等学校以外，一小部分将要在城市就业，而绝大部分将要在农村参加生产劳动。为了国家的建设，需要向农村和工厂输送大量思想好、身体好而又有文化的劳动者，也需要向高等学校输送一批思想政治好

（包括劳动观点好）、学习好、身体好的合格新生。对于这两种需要，忽视任何一种，对国家都是不利的。但是，不论输送到哪里，学校教育都必须贯彻执行党的教育方针。忽视政治，脱离生产劳动，片面追求升学率，用繁重的课业和烦琐的教授法束缚和压制学生，这是违背我们的教育方针的。这是资产阶级的教育方针，不是社会主义的教育方针。

大家也已注意到，在两种教育方针的斗争中，有着两类不同性质的矛盾，而且大量表现为人民内部矛盾。有很多人在工作中有缺点错误，但是动机还是好的，是想把学生教好的，只是认识不清，方法不对，经验不够。同时，大家还注意到，这个问题不是一朝一夕所能彻底解决的，要经过长期的反复的努力，才能逐步解决好。所以大家都觉得，既要看清问题，坚持原则，敢于革命，又要作长期打算，逐步展开工作，并且时刻注意区别两类矛盾，正确处理。

为此，大家认为，首先要加强正面教育，用毛主席的教育思想，党的教育方针，重新教育全体教育工作者。我们教育行政领导干部和学校领导干部，特别应该下决心、下苦功抓紧学习，并且深入到教师和学生中去，以毛主席的思想和党的教育方针为武器，认真调查研究，总结经验，发现问题，解决问题，把教育革命深入地进行下去。

关于中小学学制和课程的根本改革，在中央的领导下，已经组织了力量，进行研究。各地一九六〇年开始的学制改革试验，已经取得了显著的成绩，今后还要采取积极态度，加强领导，继续试验，并及时总结经验，以便为中央制定学制课程改革的长期规划提供资料。

现行全日制中小学教学计划中应该并且可能精简的课程，和现行教科书中应该精简的教材，我部当立即组织力量，统一研究，拟定办法，有步骤地进行调整精简。

除了上述需要从根本上解决的问题和需要由我部统一研究布置的工作以外，当前，为了减轻学生负担，发挥学生的学习主动性，还拟通知各地教育行政部门和学校，采取如下几项具体措施，初步加以改进：

第一，在学生和教育工作者中，在家长中，在社会上，大力宣传党的教育方针，大力表扬执行党的教育方针好的学校、教师、学生和家长。通过典型事例，结合我国社会主义革命和建设的实际情况，反复讲明道理，以克服学校中和社会上存在的轻视体力劳动，特别是轻视农业生产劳动，片面追求升学的思想。

坚决纠正为片面追求升学率而采取的错误作法。禁止以升学率为标准衡量学校、教师工作的好坏，排学校和班级的名次。禁止举行学期、学年的统考。禁止以大量留级的办法淘汰学生和限制毕业生报考。禁止在考试上舞弊、在学生的政治鉴定方面弄虚作假。不要放松非毕业班级的工作而去突击抓毕业班。不要任意改变教学计划，突击复习备考。不要离开教学大纲和教科书，为了考试而另搞一套复习大纲和任意补充习题。不要引导学生猜考试题。

具有片面追求升学率思想的同志，一般说来是属于思想认识问题，对他们应该采取耐心说服、热情帮助的态度，使他们在社会主义教育的道路上更好地前进。至于个别学校的领导干部和教师在考试上舞弊，特别是在政治上弄虚作假，则应该对他们严肃地进行批判，并根据具体情况予以适当处理。

第二，任何时候，学校教育都应该把思想政治教育放在首要地位。学校必须加强以阶级教育为中心的思想政治教育，不断提高学生的社会主义觉悟。要教育学生热爱劳动，以正确的态度对待升学和参加劳动，特别要树立以从事社会主义农业生产为光荣的思想。

城乡全日制中小学都应该按照暂行工作条例（草案）的规定，组织学生参加劳动。城市中学每年应该以比较集中的时间，组织学生下乡参加农业生产劳动。在劳动中要特别注意作好阶级观点、劳动观点等思想政治教育工作，指导和帮助他们了解当地劳动人民生产情况和阶级斗争的情况；同时要做好劳动的组织工作，把生活管理好，保护学生的安全和健康。

教师应该与学生共同参加劳动，特别是参加农业生产劳动。少数年老体弱的教师，也可以不参加或少参加体力劳动，而到农村参观访问。这不仅是教育学生所必需的，而且是教师的自我教育所必需的。在劳动和参观访问中，教师可以了解到工农业生产、农村生活、特别是贫农、下中农对学校教育工作的要求，这对于克服学校教育脱离实际的缺点，具有重要的意义。

第三，各级各类学校仍然应该努力提高教学质量。要使学校领导干部、教师和家长认识到：课业负担过重，不可能真正提高教学质量；减轻学生的过重负担，使学生能够生动活泼地主动地学习，才能真正提高教学质量。提高教学质量，决不是只提高智育的质量，而是包括德、智、体几方面在内的；不应该错误地只管智育，不管德育、体育。同时，对各类学校的要求不要一律化，对各门课程的要求也不要一样齐。全日制学校仍然应该以教学为主，要注意提高政治、语文、数学、外语的教学质量，高级中学还要注意改进物理、化学的教学，并且应该搞好一批成为活样板的教学质量高的全日制学校。农村中、小学要更加注意提高语文课中应用文、毛笔字和数学课中珠算、会计常识，以及农业生产知识课的教学质量。除了指定进行教学改革试点的少数学校以外，提高程度应该限制在我部所规定的教科书范围内，不要超出这个范围。

要在提高教师思想水平、业务水平的基础上，努力改进教学方法。教师的教学工作主要是使学生能理解和运用所学知识，培养学生的工作能力和学习能力，而不是灌输给学生大量的死知识。教师要注意了解学生的学习情况，克服教学中的主观主义和形式主义。教学是师生的共同活动，既要有教师的主导性，更要注意启发、培养学生的主动性。学生掌握知识需要有一个反复领会反复练习逐步加深的过程，教师不要指靠烦琐的讲解，企图一下子就使学生理解深透。基础知识的教育和基本技能的训练还应该继续加强，但不要一味引导学生死记硬背。

课堂教学要有讲有练，不要硬搞所谓“五个环节”。习题应该在课堂内完成一部分、大部分或者全部。课前不要硬性规定学生预习。语文、数学、外国语和高中理化课程可以布置少量课外作业，同时注意统一安排；其余学科不要布置课外作业。要使学生主要学习和理解教科书中的内容，不要离开教科书另搞一套笔记。

第四，对学生学业成绩的考试、考查是必要的，其主要目的是帮助学生更好地理解和运用所学知识，同时，检查教学的效果，以便改进教学工作。不要采取突然袭击的办法，或以烦琐古怪的试题和种种清规戒律，去束缚学生。

因此，要坚决减少考试和测验的科目和次数。政治常识、语文、数学、外国语和高中的物理、化学课可以举行期中考试和期末考试；其余学科只教不考，可以举行一次期中测验，不要记分。各门课程的课堂提问都不要记分。小学高年级和中学考试语文，只考作文；对于语法、修辞、逻辑等知识，只教不考试。

现行学生升级、留级的办法中也有一些不合理的现象，我部拟即进行调查研究，作出必要的规定。现在暂先确定一条：各校处理学生升级、留级问题时，可以不计算只教不考试的课业成绩，以减轻课程门类过多、考试科目过多对学生的压力。但是，这些课程也是学生应该学习的基础知识，学校应该教导学生努力学好。

有些学科的考试，可以事先公开出题，由学生预作准备，包括查阅参考材料、进行实验和交换意见，然后作出答案。这种考试办法，各省、市、自治区可以先指定一、二所学校进行试点，并认真总结经验。等有比较成熟的经验以后，再由我部统一研究如何推广。

第五，在课业负担减轻以后，学校领导和教师应该商同团队组织，适当开展学生课外科技、文娱、体育活动和课外阅读的组织和指导，以利于他们能够适应各自的爱好，主动地扩大自己的知识领域，向有益的方向发展特长。为此，我部拟即商同文化出版部门积极设法供给学生一些有益的课外读物。但是，组织学生参加课外活动，要出于学生自愿，让学生自由参加，不要简单化。要适当掌握课外活动的项目、次数和时间，不要过多地举办会演、竞赛，使学生应付不暇，疲于奔命。

适当的体育活动是增强学生体质所必需的。体育活动要从学生体质的实际情况出发，注意经常锻炼。体育课程要多作徒手的，少作需要贵重设备或有危险性的器械操。

第六，注意劳逸结合，增进师生健康。学生每天的学习和劳动时间（包括校内外自习时间在内），中学一般为八课时，小学高年级一般为七课时，小学低中年级还应该少一些，以切实保证学生必要的自由活动时间和必要的睡眠时间。小学生每天睡眠十小时，初中学生每天睡眠九小时，高中学生每天睡眠时间不少于八小时。学校不要把走读生早晚到校自习作为制度。现行各类教学计划凡超出上述规定的，应该从加强课堂练习、减少课外作业入手，加以调整，使其符合这一规定。

要采取减少兼职、减少事务性工作、适当轮换等办法，切实减轻学生干部社会工作的负担，并且帮助他们改进工作方法，使他们真正做到身体好、学习好、工作好。

要做好防病治病工作。要保护学生的视力，为此应当切实地采取必要的措施。要办好学生伙食，保证带饭到校的走读生能吃到热饭，保证学生喝到开水。

在提出和解决上述问题的时候，我们已注意到，教育战线上的阶级斗争是尖锐的、长期的和复杂的，面对的问题是严重的。但是，国内外阶级斗争总的形势是大好的。党的教育方针是完全正确的。绝大多数教育工作者是勤勤恳恳地做工作的，是要求进步的。自一九五八年以来，在教育上，我们更好地注意了以毛主席思想为指导，走我国自己的路，已取得了显著的成绩，积累了丰富的经验，制定了全日制中小学暂行工作条例（草案）。特别是八届十中全会以后，许多学校都加强了以阶级教育为中心的思想教育，各地都涌现出一批思想政治工作好、教学工作好、生产劳动教育好、体育文娱和生活管理好、领导作风和学校校风好的学校，都有一些既能提高教学质量，又善于减轻学生负担的教师。这些都是进一步取得教育革命胜利的有利条件。虽然有些人在工作上或教学上有缺点，只要我们善于采取说服教育的方法，切实加以引导帮助，绝大多数都是可以逐步改进提高的。所以，我们有充分的决心和信心，在党中央和毛主席的领导下，努力克服实际工作中的各种缺点和错误，努力办好社会主义的学校，使青少年们在德育、智育、体育几方面都能生动活泼地主动地得到发展，成为有社会主义觉悟的有文化的劳动者。

上述报告，是否妥当，请审查指示；如可行，请批转各地。

教育部临时党组

一九六四年三月三十一日

三、中共中央国务院关于深化教育改革，全面推进素质教育的决定（节选）①

当今世界，科学技术突飞猛进，知识经济已见端倪，国力竞争日趋激烈。教育在综合国力的形成中处于基础地位，国力的强弱越来越取决于劳动者的素质，取决于各类人才的质量和数量，这对于培养和造就我国二十一世纪的一代新人提出了更加迫切的要求。我国正处在建立社会主义市场经济体制和实现现代化建设战略目标的关键时期。新中国成立50年来特别是改革开放以来，教育事业的改革与发展取得了令人瞩目的巨大成就。但面对新的形势，由于主观和客观等方面的原因，我们的教育观念、教育体制、教育结构、人才培养模式、教育内容和教学方法相对滞后，影响了青少年的全面发展，不能适应提高国民素质的需要。全党、全社会必须从我国社会主义事业兴旺发达和中华民族伟大复兴的大局出发，以邓小平理论为指导，全面贯彻落实党的十五大精神，深化教育改革，全面推进素质教育，构建一个充满生机的有中国特色社会主义教育体系，为实施科教兴国战略奠定坚实的人才和知识基础。

（一）全面推进素质教育，培养适应二十一世纪现代化建设需要的社会主义新人

1. 实施素质教育，就是全面贯彻党的教育方针，以提高国民素质为根本宗旨，以培养学生的创新精神和实践能力为重点，造就“有理想、有道德、有文化、有

① 资料来源：中华人民共和国教育部1999年6月13日发布。

纪律”的、德智体美等全面发展的社会主义事业建设者和接班人。

……加强思想修养的统一，坚持学习书本知识与投身社会实践的统一，坚持实现自身价值与服务祖国人民的统一，坚持树立远大理想与进行艰苦奋斗的统一。

全面推进素质教育，要坚持面向全体学生，为学生的全面发展创造相应的条件，依法保障适龄儿童和青少年学习的基本权利，尊重学生身心发展特点和教育规律，使学生生动活泼、积极主动地得到发展。

2. 实施素质教育应当贯穿于幼儿教育、中小学教育、职业教育、成人教育、高等教育等各级各类教育，应当贯穿于学校教育、家庭教育和社会教育等各个方面。在不同阶段和不同方面应当有不同的内容和重点，相互配合，全面推进。在不同地区还应体现地区特点，尤其是少数民族地区的特点。

实施素质教育，必须把德育、智育、体育、美育等有机地统一在教育活动的各个环节中。学校教育不仅要抓好智育，更要重视德育，还要加强体育、美育、劳动技术教育和社会实践，使诸方面教育相互渗透、协调发展，促进学生的全面发展和健康成长。

3. 各级各类学校必须更加重视德育工作，以马克思列宁主义、毛泽东思想和邓小平理论为指导，按照德育总体目标和学生成长规律，确定不同学龄阶段的德育内容和要求，在培养学生的思想品德和行为规范方面，要形成一定的目标递进层次。要加强辩证唯物主义和历史唯物主义教育，使学生树立科学的世界观和人生观。要有针对性地开展爱国主义、集体主义和社会主义教育，中华民族优秀文化传统和革命传统教育，理想、伦理道德以及文明习惯养成教育，中国近现代史、基本国情、国内外形势教育和民主法制教育。把发扬中华民族优良传统同积极学习世界上一切优秀文明成果结合起来。高等学校要进一步加强邓小平理论“进教材、进课堂、进学生头脑”工作。职业学校要加强职业道德教育。

进一步改进德育工作的方式方法，寓德育于各学科教学之中，加强学校德育与学生生活和社会实践的联系，讲究实际效果，克服形式主义倾向。针对新形势下青少年成长的特点，加强学生的心理健康教育，培养学生坚韧不拔的意志、艰苦奋斗的精神，增强青少年适应社会生活的能力。加强民族团结教育，规范国防教育，提高学生的国家安全意识，继续搞好军训工作并使之制度化。加强校园的精神文明建设，严禁一切封建迷信和其他有害于学生身心健康的活动及物品传入校园。加强共青团、少先队和学生会工作，在培养和提高学生素质方面发挥更大的作用。社会各方面要为青少年提供优秀的精神文化产品和德育活动基地，形成学校、家庭和社会共同参与德育工作的新格局。

4. 智育工作要转变教育观念，改革人才培养模式，积极实行启发式和讨论式教学，激发学生独立思考和创新的意识，切实提高教学质量。要让学生感受、理解知识产生和发展的过程，培养学生的科学精神和创新思维习惯，重视培养学生收集处理信息的能力、获取新知识的能力、分析和解决问题的能力、语言文字表达能力以及团结协作和社会活动的能力。高等教育要重视培养大学生的创新能力、实践能力和创业精神，普遍提高大学生的人文素养和科学素质。职业教育和成人教育要使学生在掌握必需的文化知识的同时，具有熟练的职业技能和适应职业变化的能力。减轻中小学生课业负担已成为推行素质教育中刻不容缓的问题，要切实认真加以解决。各级政府都要建立健全减轻学生课业负担的监督检查机制。要重视婴幼儿的身体发育和智力开发，普及婴幼儿早期教育的科学知识和方法。

5. 健康体魄是青少年为祖国和人民服务的基本前提，是中华民族旺盛生命力的体现。学校教育要树立健康第一的指导思想，切实加强体育工作，使学生掌握基本的运动技能，养成坚持锻炼身体的良好习惯。确保学生体育课程和课外体育活动时间，不准挤占体育活动时间和场所。举办多种多样的群体性体育活动，培养学生的竞争意识、合作精神和坚强毅力。地方各级人民政府要统筹规划，为学校开展体育活动提供必要条件。培养学生的良好卫生习惯，了解科学营养知识。根据农村的实际条件和需要，有针对性地加强农村学校的体育和卫生工作。

6. 美育不仅能陶冶情操、提高素养，而且有助于开发智力，对于促进学生全面发展具有不可替代的作用。要尽快改变学校美育工作薄弱的状况，将美育融入学校教育全过程。中小学要加强音乐、美术课堂教学，高等学校应要求学生选修一定学时的包括艺术在内的人文学科课程。开展丰富多采的课外文化艺术活动，增强学生的美感体验，培养学生欣赏美和创造美的能力。地方各级人民政府和各有关部门要为学校美育工作创造条件，继续完善文化经济政策，各类文化场所（博物馆、科技馆、文化馆、纪念馆等）要向学生免费或优惠开放，鼓励文化艺术团体到学校演出高雅健康的节目。农村中小学也要充分利用当地文化资源，因地制宜地开展美育活动。

7. 教育与生产劳动相结合是培养全面发展人才的重要途径。各级各类学校要从实际出发，加强和改进对学生的生产劳动和实践教育，使其接触自然、了解社会，培养热爱劳动的习惯和艰苦奋斗的精神。建立青少年参与社区服务和社区建设的制度。中小学要鼓励学生积极参加形式多样的课外实践活动，培养动手能力；

职业学校要实行产教结合，鼓励学生在实践中掌握职业技能；高等学校要加强社会实践，组织学生参加科学研究、技术开发和推广活动以及社会服务活动。利用假期组织志愿者到城乡支工、支农、支医和支教。社会各方面要为学校开展生产劳动、科技活动和其他社会实践活动提供必要的条件，同时要加强学生校外劳动和社会实践基地的建设。

（二）深化教育改革，为实施素质教育创造条件

……

14. 调整和改革课程体系、结构、内容，建立新的基础教育课程体系，试行国家课程、地方课程和学校课程。改变课程过分强调学科体系、脱离时代和社会发展以及学生实际的状况。抓紧建立更新教学内容的机制，加强课程的综合性和实践性，重视实验课教学，培养学生实际操作能力。要增强农村特别是贫困地区义务教育的课程、教材与当地经济社会发展的适应性。促进教材的多样化，进一步完善国家对基础教育教材的评审制度。积极推进教学改革，提高课堂教学的质量，国家和地方要奖励并推广符合素质教育要求的优秀教学成果。

职业教育要增强专业的适用性，开发和编写体现新知识、新技术、新工艺和新方法的具有职业教育特色的课程及教材。高等教育要加快课程改革和教学改革，继续调整专业结构和设置，使学生尽早地参与科技研究开发和创新活动，鼓励跨学科选修课程，培养基础扎实、知识面宽、具有创新能力的高素质专门人才。

15. 大力提高教育技术手段的现代化水平和教育信息化程度。国家支持建设以中国教育科研网和卫星视频系统为基础的现代远程教育网络，加强经济实用型终端平台系统和校园网络或局域网络的建设，充分利用现有资源和各种音像手段，继续搞好多样化的电化教育和计算机辅助教学。在高中阶段的学校和有条件的初中、小学普及计算机操作和信息技术教育，使教育科研网络进入全部高等学校和骨干中等职业学校，逐步进入中小学。采取有效措施，大力开发优秀的教育教学软件。运用现代远程教育网络为社会成员提供终身学习的机会，为农村和边远地区提供适合当地需要的教育。

16. 努力改变教育与经济、科技相脱节的状况，促进教育和经济、科技的密切结合。高等教育实施素质教育，要加强产学研结合，大力推进高等学校和产业界以及科研院所的合作，鼓励有条件的高等学校建立科技企业，企业在高等学校建立研究机构，高等学校在企业建立实习基地。采用多种形式，使高等学校科研机

构进入企业，提高高等学校科技成果的转化率，加快实用科技成果向企业的转移，增强企业的技术创新能力，培育新的经济增长点。要创建若干所具有世界先进水平的一流大学和一批一流学科，在高等学校建设一批既出人才、又出成果的基础研究和应用研究基地，为国家创新体系建设和现代化建设作出贡献。继续推进城市教育综合改革。职业教育和成人教育要通过多种方式，为加快提高劳动者素质，为转岗、分流、下岗职工再就业提供教育和培训。

（下略）

四、国务院关于基础教育改革与发展的决定（节选）①

（略）

17. 实施素质教育，必须全面贯彻党的教育方针，认真落实《中共中央国务院关于深化教育改革全面推进素质教育的决定》（中发[1999]9 号），端正教育思想，转变教育观念，面向全体学生，加强学生思想品德教育，重视培养学生的创新精神和实践能力，为学生全面发展和终身发展奠定基础。

实施素质教育，促进学生德智体美等全面发展，应当体现时代要求。要使学生具有爱国主义、集体主义精神，热爱社会主义，继承和发扬中华民族的优秀传统和革命传统；具有社会主义民主法制意识，遵守国家法律和社会公德；逐步形成正确的世界观、人生观和价值观；具有社会责任感，努力为人民服务；具有初步的创新精神、实践能力、科学和人文素养以及环境意识；具有适应终身学习的基础知识、基本技能和方法；具有健壮的体魄和良好的心理素质，养成健康的审美情趣和生活方式，成为有理想、有道德、有文化、有纪律的一代新人。

18. 切实增强德育工作的针对性、实效性和主动性。加强爱国主义、集体主义和社会主义教育，加强中华民族优良传统、革命传统教育和国防教育，加强思想品质和道德教育并贯穿于教育的全过程。主动适应新形势的要求，针对不同年龄学生的特点，调整和充实德育内容，改进德育工作的方式方法。

小学从行为习惯养成入手，重点进行社会公德教育，进行爱祖国、爱人民、爱劳动、爱科学、爱社会主义教育，联系实际对学生进行热爱家乡、热爱集体以及社会、生活常识教育。初中加强国情教育、法制教育、纪律教育和品格修养。高中阶段注重进行马列主义、毛泽东思想和邓小平理论基本观点教育。对中学生

① 资料来源：国务院文件（国发〔2001〕21 号），2001 年 5 月 29 日国务院办公厅印发。

进行正确的世界观、人生观、价值观教育。要对中小学生进行民族团结教育。加强中小学生的心理健康教育。

丰富多彩的教育活动和社会实践活动是中小学德育的重要载体。小学以生动活泼的课内外教育教学活动为主，中学要加强社会实践环节。中小学校要设置多种服务岗位，让更多学生得到实践锻炼的机会。要将青少年校外活动场所建设纳入社区建设规划。各地要多渠道筹集资金，建设一批青少年学生活动场所和社会实践基地。建立健全各级青少年学生校外教育联席会议或相应机构，加强对青少年学生校外教育工作的统筹和协调。大力加强校园文化建设，优化校园育人环境，使中小学成为弘扬正气，团结友爱，生动活泼，秩序井然的精神文明建设基地。

19. 加快构建符合素质教育要求的新的基础教育课程体系。适应社会发展和科技进步，根据不同年龄学生的认知规律，优化课程结构，调整课程门类，更新课程内容，引导学生积极主动学习。小学加强综合课程，初中分科课程与综合课程相结合，高中以分科课程为主。从小学起逐步按地区统一开设外语课，中小学增设信息技术教育课和综合实践活动，中学设置选修课。普通高中要设置技术类课程。中小学都要积极开展科学技术普及活动。加强劳动教育，积极组织中小学生参加力所能及的社会公益劳动，培养学生热爱劳动、热爱劳动人民的情感，掌握一定的劳动技能。

农村中学的课程设置要根据现代农业发展和农村产业结构调整的需要，深化“农科教相结合”和基础教育、职业教育、成人教育的“三教统筹”等项改革，试行“绿色证书”教育并与农业科技推广等结合。

实行国家、地方、学校三级课程管理。国家制定中小学课程发展总体规划，确定国家课程门类和课时，制定国家课程标准，宏观指导中小学课程实施。在保证实施国家课程的基础上，鼓励地方开发适应本地区的地方课程，学校可开发或选用适合本校特点的课程。探索课程持续发展的机制，组织专家、学者和经验丰富的中小学教师参与基础教育课程改革。

20. 贯彻“健康第一”的思想，切实提高学生体质和健康水平。增加体育课时并保证学生每天参加一小时体育活动。开展经常性小型多样的学生体育比赛，培养学生团队精神和顽强意志。加强传染病预防工作和学校饮食卫生管理，防止传染病流行和食物中毒事件发生。制定并实施学生体质健康标准。有条件的地区要推行“学生饮用奶计划”。

21. 中小学要按照国家规定开设艺术课程，提高艺术教育教学质量。充分挖掘社会艺术教育资源，因地制宜地开展经常性的、丰富多彩的校内外艺术活动。各级人民政府和有关部门要重视艺术教育教师队伍建设、场地建设和器材配备工作，保证学校艺术教育的必要条件。

22. 教材编写核准、教材审查实行国务院教育行政部门和省级教育行政部门两级管理，实行国家基本要求指导下的教材多样化。国务院教育行政部门负责核准国家课程的教材编写，审定国家课程的教材及跨省（自治区、直辖市）使用的地方课程的教材；省级教育行政部门负责地方课程教材编写的核准和教材的审定。经国务院教育行政部门授权，省级教育行政部门可审定部分国家课程的教材。

改革中小学教材指定出版的方式和单一渠道发行的体制，试行出版发行公开竞标的办法，做到“课前到书，人手一册”。制定中小学教材版式的国家标准，保证教材质量，降低教材成本和价格。

23. 积极开展教育教学改革和教育科学研究。继续重视基础知识、基本技能的教学并关注情感、态度的培养；充分利用各种课程资源，培养学生收集、处理和利用信息的能力；开展研究性学习，培养学生提出问题、研究问题、解决问题的能力；鼓励合作学习，促进学生之间相互交流、共同发展，促进师生教学相长。各地要建立教育教学改革实验区和实验学校，探索、实验并推广新课程教材和先进的教学方法。各地要建设一批实施素质教育的示范性普通高中。有条件的普通高中可与高等学校合作，探索创新人才培养的途径。

广大教师要积极参加教学实验和教育科研，教研机构要充分发挥教学研究、指导和服务等作用。高等师范院校、教育科研院所要积极参与基础教育课程教材改革和教学实验。注意借鉴国外教学改革的先进经验。奖励并推广基础教育教学改革优秀成果。

24. 继续减轻中小学生过重的课业负担，尊重学生人格，遵循学生身心发展规律，保证中小学生身心健康成长。要加强教学管理，改进教学方法，提高教学质量。要丰富学生课余生活，组织好学生课外活动。

进一步加强对滥发学生用书、学具及其他学生用品的治理。任何部门和单位不得向学校搭售或强迫学校订购教辅材料，中小学校不得组织学生统一购买各种形式的教辅材料。

25. 改革考试评价和招生选拔制度。探索科学的评价办法，发现和发展学生的潜能，帮助学生树立自信心，促进学生积极主动地发展。改革考试内容和方法，小学成绩评定应实行等级制；中学部分学科实行开卷考试，重视实验操作能力考查。学校和教师不得公布学生考试成绩和按考试结果公开排队。推动各地积极改革省级普通高中毕业会考。要按照有助于高等学校选拔人才、有助于中学实施素质教育、有助于扩大高等学校办学自主权的原则，加强对学生能力和素质的考查，改革高等学校招生考试内容，探索多次机会、双向选择、综合评价的考试、选拔方式，推进高等学校招生考试和选拔制度改革。在科学研究、发明创造及其他方面有特殊才能并取得突出成绩的学生，免试进入高等学校学习。

26. 大力普及信息技术教育，以信息化带动教育现代化。各地要科学规划，全面推进，因地制宜，注重实效，以多种方式逐步实施中小学“校校通”工程。努力为学校配备多媒体教学设备、教育软件和接收我国卫星传送的教育节目的设备。有条件地区要统筹规划，实现学校与互联网的连接，开设信息技术课程，推进信息技术在教育教学中的应用。开发、建设共享的中小学教育资源库。加强学校信息网络管理，提供文明健康、积极向上的网络环境。积极支持农村学校开展信息技术教育，国家将重点支持中西部贫困地区开展信息技术教育。支持鼓励企业和社会各界对中小学教育信息化的投入。

各级人民政府和教育行政部门要重视常规实验教学，因地制宜地加强中小学实验室、图书馆（室）及体育、艺术、劳动技术等教育设施的建设，并充分向学生开放，提高教学仪器设备、图书的使用效益。鼓励各地乡（镇）中小学建立中心实验室、图书馆等，辐射周边学校。

27. 要认真贯彻实施《中华人民共和国国家通用语言文字法》，进一步加强中小学推广普通话、用字规范化工作，推广普及国家通用语言文字，把普及普通话、用字规范化纳入教育教学要求，提高学生语言文字应用能力和规范意识。

（略）

五、基础教育课程改革纲要（试行）（节选）①

（略）

（一）课程改革的目标

1. （略）

新课程的培养目标应体现时代要求。要使学生具有爱国主义、集体主义精神，

① 资料来源：教育部文件（教基〔2001〕17号），2001年6月8日教育部印发。

热爱社会主义，继承和发扬中华民族的优秀传统和革命传统；具有社会主义民主法制意识，遵守国家法律和社会公德；逐步形成正确的世界观、人生观、价值观；具有社会责任感，努力为人民服务；具有初步的创新精神、实践能力、科学和人文素养以及环境意识；具有适应终身学习的基础知识、基本技能和方法；具有健壮的体魄和良好的心理素质，养成健康的审美情趣和生活方式，成为有理想、有道德、有文化、有纪律的一代新人。

2. 基础教育课程改革的具体目标：改变课程过于注重知识传授的倾向，强调形成积极主动的学习态度，使获得基础知识与基本技能的过程同时成为学会学习和形成正确价值观的过程。

改变课程结构过于强调学科本位、科目过多和缺乏整合的现状，整体设置九年一贯的课程门类和课时比例，并设置综合课程，以适应不同地区和学生发展的需求，体现课程结构的均衡性、综合性和选择性。

改变课程内容“难、繁、偏、旧”和过于注重书本知识的现状，加强课程内容与学生生活以及现代社会和科技发展的联系，关注学生的学习兴趣和经验，精选终身学习必备的基础知识和技能。

改变课程实施过于强调接受学习、死记硬背、机械训练的现状，倡导学生主动参与、乐于探究、勤于动手，培养学生搜集和处理信息的能力、获取新知识的能力、分析和解决问题的能力以及交流与合作的能力。

改变课程评价过分强调甄别与选拔的功能，发挥评价促进学生发展、教师提高和改进教学实践的功能。

改变课程管理过于集中的状况，实行国家、地方、学校三级课程管理，增强课程对地方、学校及学生的适应性。

（二）课程结构

3. 整体设置九年一贯的义务教育课程。小学阶段以综合课程为主。小学低年级开设品德与生活、语文、数学、体育、艺术（或音乐、美术）等课程；小学中高年级开设品德与社会、语文、数学、科学、外语、综合实践活动、体育、艺术（或音乐、美术）等课程。

初中阶段设置分科与综合相结合的课程，主要包括思想品德、语文、数学、外语、科学（或物理、化学、生物）、历史与社会（或历史、地理）、体育与健康、艺术（或音乐、美术）以及综合实践活动。积极倡导各地选择综合课程。学校应努力创造条件开设选修课程。在义务教育阶段的语文、艺术、美术课中要加强写字教学。

4. 高中以分科课程为主。为使学生在普遍达到基本要求的前提下实现有个性的发展，课程标准应有不同水平的要求，在开设必修课的同时，设置丰富多样的选修课程，开设技术类课程。积极试行学分制管理。

5. 从小学至高中设置综合实践活动并作为必修课程，其内容主要包括：信息技术教育、研究性学习、社区服务与社会实践以及劳动与技术教育。强调学生通过实践，增强探究和创新意识，学习科学研究的方法，发展综合运用知识的能力。增进学校与社会的密切联系，培养学生的社会责任感。在课程的实施过程中，加强信息技术教育，培养学生利用信息技术的意识和能力。了解必要的通用技术和职业分工，形成初步技术能力。

6. 农村中学课程要为当地社会经济发展服务，在达到国家课程基本要求的同时，可根据现代农业发展和农村产业结构的调整因地制宜地设置符合当地需要的课程，深化"农科教相结合"和"三教统筹"等项改革，试行通过"绿色证书"教育及其他技术培训获得"双证"的做法。城市普通中学也要逐步开设职业技术课程。

（三）课程标准

7. 国家课程标准是教材编写、教学、评估和考试命题的依据，是国家管理和评价课程的基础。应体现国家对不同阶段的学生在知识与技能、过程与方法、情感态度与价值观等方面的基本要求，规定各门课程的性质、目标、内容框架，提出教学和评价建议。

8. 制定国家课程标准要依据各门课程的特点，结合具体内容，加强德育工作的针对性、实效性和主动性，对学生进行爱国主义、集体主义和社会主义教育，加强中华民族优良传统、革命传统教育和国防教育，加强思想品质和道德教育，引导学生树立正确的世界观、人生观和价值观；要倡导科学精神、科学态度和科学方法，引导学生创新与实践。

9. 幼儿园教育（略）

（四）教学过程

10. 教师在教学过程中应与学生积极互动、共同发展，要处理好传授知识与培养能力的关系，注重培养学生的独立性和自主性，引导学生质疑、调查、探究，在实践中学习，促进学生在教师指导下主动地、富有个性地学习。教师应尊重学生的人格，关注个体差异，满足不同学生的学习需要，创设能引导学生主动参与的教育环境，激发学生的学习积极性，培养学生掌握和运用知识的态度和能力，使每个学生都能得到充分的发展。

11. 大力推进信息技术在教学过程中的普遍应用，促进信息技术与学科课程的整合，逐步实现教学内容的呈现方式、学生的学习方式、教师的教学方式和师生互动方式的变革，充分发挥信息技术的优势，为学生的学习和发展提供丰富多彩的教育环境和有力的学习工具。

（五）教材开发与管理

12. 教材改革应有利于引导学生利用已有的知识与经验，主动探索知识的发生与发展，同时也应有利于教师创造性地进行教学。教材内容的选择应符合课程标准的要求，体现学生身心发展特点，反映社会、政治、经济、科技的发展需求；教材内容的组织应多样、生动，有利于学生探究，并提出观察、实验、操作、调查、讨论的建议。

积极开发并合理利用校内外各种课程资源。学校应充分发挥图书馆、实验室、专用教室及各类教学设施和实践基地的作用；广泛利用校外的图书馆、博物馆、展览馆、科技馆、工厂、农村、部队和科研院所等各种社会资源以及丰富的自然资源；积极利用并开发信息化课程资源。

13. 完善基础教育教材管理制度，实现教材的高质量与多样化。

实行国家基本要求指导下的教材多样化政策，鼓励有关机构、出版部门等依据国家课程标准组织编写中小学教材。建立教材编写的核准制度，教材编写者应根据教育部《关于中小学教材编写审定管理暂行办法》，向教育部申报，经资格核准通过后，方可编写。完善教材审查制度，除经教育部授权省级教材审查委员会外，按照国家课程标准编写的教材及跨省使用的地方课程的教材须经全国中小学教材审查委员会审查；地方教材须经省级教材审查委员会审查。教材审查实行编审分离。

改革中小学教材指定出版的方式和单一渠道发行的体制，严格遵循中小学教材版式的国家标准。教材的出版和发行试行公开竞标，国家免费提供的经济适用型教材实行政府采购，保证教材质量，降低价格。

加强对教材使用的管理。教育行政部门定期向学校和社会公布经审查通过的中小学教材目录，并逐步建立教材评价制度和在教育行政部门及专家指导下的教材选用制度。改革用行政手段指定使用教材的做法，严禁以不正当竞争手段推销教材。

（六）课程评价

14. 建立促进学生全面发展的评价体系。评价不仅要关注学生的学业成绩，而且要发现和发展学生多方面的潜能，了解学生发展中的需求，帮助学生认识自我，建立自信。发挥评价的教育功能，促进学生在原有水平上的发展。

建立促进教师不断提高的评价体系。强调教师对自己教学行为的分析与反思，建立以教师自评为主，校长、教师、学生、家长共同参与的评价制度，使教师从多种渠道获得信息，不断提高教学水平。

建立促进课程不断发展的评价体系。周期性地对学校课程执行的情况、课程实施中的问题进行分析评估，调整课程内容、改进教学管理，形成课程不断革新的机制。

15. 继续改革和完善考试制度。

在已经普及九年义务教育的地区，实行小学毕业生免试就近升学的办法。鼓励各地中小学自行组织毕业考试。完善初中升高中的考试管理制度，考试内容应加强与社会实际和学生生活经验的联系，重视考查学生分析问题、解决问题的能力，部分学科可实行开卷考试。高中毕业会考改革方案由省级教育行政部门制定，继续实行会考的地方应突出水平考试的性质，减轻学生考试的负担。

高等学校招生考试制度改革，应与基础教育课程改革相衔接。要按照有助于高等学校选拔人才、有助于中学实施素质教育、有助于扩大高等学校办学自主权的原则，加强对学生能力和素质的考查，改革高等学校招生考试内容，探索提供多次机会、双向选择、综合评价的考试、选拔方式。

考试命题要依据课程标准，杜绝设置偏题、怪题的现象。教师应对每位学生的考试情况做出具体的分析指导，不得公布学生考试成绩并按考试成绩排列名次。

（七）课程管理

16. 为保障和促进课程适应不同地区、学校、学生的要求，实行国家、地方和学校三级课程管理。

（略）

六、中共中央关于全面深化改革若干重大问题的决定[①]

（略）

42. 深化教育领域综合改革。全面贯彻党的教育方针，坚持立德树人，加强社会主义核心价值体系教育，完善中华优秀传统文化教育，形成爱学习、爱劳动、爱祖国活动的有效形式和长效机制，增强学生社会责任感、创新精神、实践能力。强化体育课和课外锻炼，促进青少年身心健康、体魄强健。改进美育教学，提高学生审美和人文素养。大力促进教育公平，健全家庭经济困难学生资助体系，构建利用信息化手段扩大优质教育资源覆盖面的有效机制，逐步缩小区域、城乡、校际差距。统筹城乡义务教育资源均衡配置，实行公办学校标准化建设和校长教师交流轮岗，不设重点学校重点班，破解择校难题，标本兼治减轻学生课业负担。加快现代职业教育体系建设，深化产教融合、校企合作，培养高素质劳动者和技能型人才。创新高校人才培养机制，促进高校办出特色争创一流。推进学前教育、特殊教育、继续教育改革发展。

推进考试招生制度改革，探索招生和考试相对分离、学生考试多次选择、学校依法自主招生、专业机构组织实施、政府宏观管理、社会参与监督的运行机制，从根本上解决一考定终身的弊端。义务教育免试就近入学，试行学区制和九年一贯对口招生。推行初高中学业水平考试和综合素质评价。加快推进职业院校分类招考或注册入学。逐步推行普通高校基于统一高考和高中学业水平考试成绩的综合评价多元录取机制。探索全国统考减少科目、不分文理科、外语等科目社会化考试一年多考。试行普通高校、高职院校、成人高校之间学分转换，拓宽终身学习通道。

深入推进管办评分离，扩大省级政府教育统筹权和学校办学自主权，完善学校内部治理结构。强化国家教育督导，委托社会组织开展教育评估监测。健全政府补贴、政府购买服务、助学贷款、基金奖励、捐资激励等制度，鼓励社会力量兴办教育。

（略）

① 资料来源：新华社2013年11月15日发布。

七、教育部关于全面深化课程改革落实立德树人根本任务的意见（节选）①

（略）

一、充分认识全面深化课程改革、落实立德树人根本任务的重要性和紧迫性

（一）深化课程改革、落实立德树人根本任务具有重大意义。立德树人是发展中国特色社会主义教育事业的核心所在，是培养德智体美全面发展的社会主义建设者和接班人的本质要求。课程是教育思想、教育目标和教育内容的主要载体，集中体现国家意志和社会主义核心价值观，是学校教育教学活动的基本依据，直接影响人才培养质量。全面深化课程改革，整体构建符合教育规律、体现时代特征、具有中国特色的人才培养体系，建立健全综合协调、充满活力的育人体制机制，落实立德树人根本任务，是贯彻党的十八大和十八届三中全会精神的重大举措，是提高国民素质、建设人力资源强国的战略行动，是适应教育内涵发展、基本实现教育现代化的必然要求，对于全面提高育人水平，让每个学生都能成为有用之才具有重要意义。

（二）新时期课程改革在立德树人工作中发挥了重要作用。新世纪以来特别是教育规划纲要发布实施以来，教育系统认真贯彻落实中央有关精神，积极探索，勇于实践，推动课程改革取得显著成效。德育为先、能力为重、全面发展的教育理念得到普遍认同。符合素质教育和时代要求的课程教材体系不断完善。人才培养模式改革不断深化，自主、合作、探究的学习方式与启发、讨论、参与的教学方式不断推广，育人的针对性、实效性进一步增强。分类考试、综合评价、多元录取的考试招生制度改革积极推进，以学生全面发展为根本、科学多元的评价制度改革取得重要进展。课程改革为进一步推动立德树人工作奠定了基础。

（三）课程改革面临新的挑战。经济全球化深入发展，信息网络技术突飞猛进，各种思想文化交流交融交锋更加频繁，学生成长环境发生深刻变化。青少年学生思想意识更加自主，价值追求更加多样，个性特点更加鲜明。国际竞争日趋激烈，人才强国战略深入实施，时代和社会发展需要进一步提高国民的综合素质，培养创新人才。这些变化和需求对课程改革提出了新的更高要求。

① 资料来源：教育部文件（教基二〔2014〕4号），2014年3月30日教育部印发。

当前，高校和中小学课程改革从总体上看，整体规划、协同推进不够，与立德树人的要求还存在一定差距。主要表现在：重智轻德，单纯追求分数和升学率，学生的社会责任感、创新精神和实践能力较为薄弱；高校、中小学课程目标有机衔接不够，部分学科内容交叉重复，课程教材的系统性、适宜性不强；与课程改革相适应的考试招生、评价制度不配套，制约着教学改革的全面推进；教师育人意识和能力有待加强，课程资源开发利用不足，支撑保障课程改革的机制不健全。这些困难和问题直接影响着立德树人的效果，必须引起高度重视，全面深化课程改革，切实加以解决。

二、准确把握全面深化课程改革的总体要求

（一）指导思想。全面贯彻党的教育方针，遵循教育规律和学生成长规律。大力弘扬中华优秀传统文化，把培育和践行社会主义核心价值观融入国民教育全过程，倡导富强、民主、文明、和谐，倡导自由、平等、公正、法治，倡导爱国、敬业、诚信、友善。要立足中国国情，具有世界眼光，面向全体学生，促进人人成才。

（二）基本原则。坚持系统设计，整体规划育人各个环节的改革，整合利用各种资源，统筹协调各方力量，实现全科育人、全程育人、全员育人。坚持重点突破，聚焦课程改革的关键领域和主要环节，针对制约课程改革的体制机制障碍，集中攻关，重点推进。坚持继承创新，注重课程改革的连续性和可持续性，适应新时期教育发展的新要求，积极开拓，大胆试验。

（三）工作目标。高举中国特色社会主义伟大旗帜，推动社会主义核心价值观进教材、进课堂、进头脑，着力培养学生高尚的道德情操、扎实的科学文化素质、健康的身心、良好的审美情趣，努力使学生具有中华文化底蕴、中国特色社会主义共同理想、国际视野，成为社会主义合格建设者和可靠接班人。基本建成高校、中小学各学段上下贯通、有机衔接、相互协调、科学合理的课程教材体系；基本确立教育教学主要环节相互配套、协调一致的人才培养体制；基本形成多方参与、齐心协力、互相配合的育人工作格局。

（四）主要任务。

1. 统筹小学、初中、高中、本专科、研究生等学段（包括职业院校）。进一步明确各学段各自教育功能定位，理顺各学段的育人目标，使其依次递进、有序过渡。要避免有的学科客观存在的一些内容脱节、交叉、错位的现象，充分体现教育规律和人才培养规律。

2. 统筹各学科，特别是德育、语文、历史、体育、艺术等学科。充分发挥人文学科的独特育人优势，进一步提升数学、科学、技术等课程的育人价值。同时加强学科间的相互配合，发挥综合育人功能，不断提高学生综合运用知识解决实际问题的能力。

3. 统筹课标、教材、教学、评价、考试等环节。全面发挥课程标准的统领作用，协同推进教材编写、教学实施、评价方式、考试命题等各环节的改革，使其有效配合，相互促进。

4. 统筹一线教师、管理干部、教研人员、专家学者、社会人士等力量。充分发挥各自优势，明确各支力量在教书育人、服务保障、教学指导、研究引领、参与监督等方面的作用。围绕育人目标，协调各支力量，形成育人合力。

5. 统筹课堂、校园、社团、家庭、社会等阵地。发挥学校的主渠道作用，加强课堂教学、校园文化建设和社团组织活动的密切联系，促进家校合作，广泛利用社会资源，科学设计和安排课内外、校内外活动，营造协调一致的良好育人环境。

三、着力推进关键领域和主要环节改革

（一）研究制订学生发展核心素养体系和学业质量标准。要根据学生的成长规律和社会对人才的需求，把对学生德智体美全面发展总体要求和社会主义核心价值观的有关内容具体化、细化，深入回答“培养什么人、怎样培养人”的问题。教育部将组织研究提出各学段学生发展核心素养体系，明确学生应具备的适应终身发展和社会发展需要的必备品格和关键能力，突出强调个人修养、社会关爱、家国情怀，更加注重自主发展、合作参与、创新实践。研究制订中小学各学科学业质量标准和高等学校相关学科专业类教学质量国家标准，根据核心素养体系，明确学生完成不同学段、不同年级、不同学科学习内容后应该达到的程度要求，指导教师准确把握教学的深度和广度，使考试评价更加准确反映人才培养要求。各级各类学校要从实际情况和学生特点出发，把核心素养和学业质量要求落实到各学科教学中。

（二）修订课程方案和课程标准。依据学生发展核心素养体系，进一步明确各学段、各学科具体的育人目标和任务，完善高校和中小学课程教学有关标准。要增强思想性，有机融入社会主义核心价值观的基本内容和要求，全面传承中华优秀传统文化，弘扬社会主义法治精神，充分体现民族特点，培养学生树立远大理想和崇高追求，形成正确的世界观、人生观、价值观。要增强科学性，客观反映人类探索自然和社会发展的规律，确保课程内容严谨准确。要增强时代性，充分体现先进的教育思想和教育理念，根据社会发展新变化、科技进步新成果，及时更新教学内容。要增强适宜性，各学科的学习内容要符合学生不同发展阶段的年龄特征，紧密联系学生生活经验。要增强可操作性，进一步明确培养目标、教学内容，充实学业质量要求，对教学实施、考试评价提出具体建议。要增强整体性，强化各学段、相关学科纵向有效衔接和横向协调配合。

教育部将在总体设计的基础上，先行启动普通高中课程修订工作。合理确定必修、选修课时比例，打牢学生终身发展的基础，增加学生选择学习的机会，满足持续发展、个性发展需要。坚持知行统一原则，加强职业体验、社会实践等方面的课程。进一步精选课程内容，科学确定课程容量和难度。制订（修订）中等职业学校相关课程教学大纲，加强文化基础教育和职业道德教育。高等学校要完善相关课程，加强学生就业创业教育。研究提出高等学校相关教材编写、修订和使用意见。省级教育行政部门和学校要依据修订后的基础教育国家课程方案，调整完善地方课程和学校课程。

（三）编写、修订高校和中小学相关学科教材。教材编写、修订要依据课程标准和教学大纲等要求，加强各学段教材上下衔接、横向配合。要优化教材内容。将社会主义核心价值观的基本内容写入德育等相关学科教材中，渗透到其他学科教材中。进一步提炼和精选学生全面发展和终身发展必备的、最基本的知识内容，做到容量适当，难易适度，避免内容偏多、偏深。要创新呈现形式，根据学生年龄特点，密切联系学生生活经验，设计教材内容的呈现和编排方式，使之更加生动、新颖、活泼，增强对学生的吸引力。

教育部将组织编写、修订中小学德育、语文、历史等学科教材；组织编写、修订中等职业学校相关课程教材；用好已出版的马克思主义理论研究和建设工程规划教材并及时修订完善，同时编好、修订工程规划教材以外的大学相关教材。各地要结合育人工作实际，开发完善地方课程教材。

（四）改进学科教学的育人功能。全面落实以学生为本的教育理念。各地要组织开展育人思想和方法研讨活动，将教育教学的行为统一到育人目标上来。要在发挥各学科独特育人功能的基础上，充分发挥学科间综合育人功能，开展跨学科主题教育教学活动，将相关学科的教育内容有机整合，提高学生综合分析问题、解决问题能力。充分利用现代信息技术手段，改进教学方式，适应学生个性化学习需求。强化教学的实践育人功能，确保实践活动占有一定课时或学分。实施“实践育人共同体建设计划”，建立一批青少年社会主义核心价值观实践基地，充分发挥社会实践的养成作用，引导学生在服务他人、奉献社会中升华对社会主义核心价值观的认知理解。中小学要探索把课堂教学与社区服务、研究性学习与社会实践相结合的途径和方法。高校要把实践教学纳入学校教学计划，摆在人才培养的重要位置。职业院校要不断创新技能人才培养模式，进一步深化产教融合、校企合作，推进协同育人。要将“爱学习、爱劳动、爱祖国”教育要求融入到相关学科日常教学活动中，培养学生学习兴趣、养成劳动习惯、坚定爱国信念，将个人成长成才与投身实现中华民族伟大复兴中国梦的实践紧密相连。各地要启动实施一批教学改革项目，激发学校和教师创新育人方式方法。

（五）加强考试招生和评价的育人导向。加快推进考试招生制度改革，注重综合考查学生发展情况，引导学校实施素质教育，科学选拔人才。各级考试命题机构要严格以国家课程标准和国家人才选拔要求为依据组织中、高考命题，评估命题质量，保证考试的导向性、科学性和规范性。建立考试命题人员资格制度，命题人员应熟悉中小学课程标准、教材、教学实际以及学校招生要求，充分发挥课程标准研制人员在中、高考命题中的作用。加强发展性评价，发挥评价促进学生成长、教师发展和改进教学实践的功能。各地要组织实施中小学教育质量综合评价改革，鼓励学校积极探索，完善科学多元的评价指标体系，引导树立科学的教育质量观。将学生践行社会主义核心价值观情况纳入综合素质评价体系，使社会主义核心价值观内化为学生的精神追求，外化为实实在在的自觉行动。将学生体育课和艺术课学习状况纳入考试招生和评价体系中，促进学生提高身心健康水平和审美素养。

（略）

（九）整合和利用优质教育教学资源。采取多种方式，构建利用信息化手段扩大优质教育资源覆盖面的有效机制。加快推进边远贫困地区小学教学点数字教育资源全覆盖项目建设。大力开发与课程教材配套的基础教育和职业教育优质数字教育资源。建设一批高校精品视频公开课程和精品资源共享课程。各地可通过购买服务等方式，引导学校、科研院所、社会机构等开发服务于学生的优质教育资源。地方各级教育行政部门要整合区域内各种优质教学资源，建设共享平台。加强信息技术教学应用展演交流，促进优质教学资源开发和应用。加强中小学社会实践基地和高等教育、职业教育实习实训基地建设，充分发挥社会资源的育人功能。学校要探索利用科技馆、博物馆等社会公共资源进行育人的有效途径。

（十）加强课程实施管理。各地和学校要全面落实基础教育国家课程方案，要将综合实践活动、技术、音乐、美术、体育等课程开设情况作为考核学校工作的重要内容。各地要做好地方课程和学校课程的规范管理和分类指导。进一步落实学校在教学进度安排、教学方式运用和教学评价实施等方面的自主权。建立普通高中学生发展指导制度，指导学生学会选择课程，做好生涯规划。教育部建立课程实施监测制度，定期对课程实施和教材使用情况进行评估，修改完善课程标准和教材。各地要根据监测结果，加强和改进课程实施工作。高等学校和职业院校要按照人才培养目标，落实课程要求，确保教学效果。

四、切实加强课程改革的组织保障（略）

跋

2017年3月4日，中共中央总书记、国家主席、中央军委主席习近平在看望参加全国政协十二届五次会议的民进党、农工党、九三学社委员并参加联组会时强调：伟大的事业，决定了我们更加需要知识和知识分子，更加需要知识分子为国家富强、民族振兴、人民幸福多作贡献。我国广大知识分子要以时不我待的紧迫感、舍我其谁的责任感，主动担当，积极作为，刻苦钻研，勤奋工作，为全面建成小康社会、建设世界科技强国作出更大贡献。在总书记的讲话精神的鼓舞、教育下，本人对已经杀青的书稿进行了再次梳理。

伟大的事业需要知识和知识分子，我们理解，总书记这里所指的知识应该是“有用的知识”，所说的“知识分子”应该是“有良知的、有真才实学的知识分子”。我们不能评论其他人，就我们自己而言，应该坚持“从实求知”，力求就真实的、客观的事实来寻求规律，不能不顾事实“胡说”，也不能为了证明自己或者某人的观点而“夸大事实”。基于这样的想法，我们需要对教育特别是基础教育有一个全面的审视，既要注意理论构建，也应该注意实践经验推广，更要注重对理论、实践经验的历史检验。

首先说“从实”。我们到过的学校可能要达千所，听过的课肯定要以“千”来记录了。一方面，我们必须看到，包括最发达的地区在内，基础教育一线教师既没有“听中央的话”，也没有相信教育理论。不是说一线教师不好，他们也是无奈，传统文化特别是“科举文化”影响巨大，改革不是领导不同意，而是“家长”不答应；不改好像“专家”又不允许。因此就出现了“阴阳课表”；就出现了“公开课是给专家看的，经验文章是让别人学的”，教师如何教、学生如何学仍然是“涛声依旧”的现象时有发生。另外也必须认识到，基础教育课程改革成效非常明显，新课程、新理念深入人心，中央关于基础教育课程改革的大政方针得到受访对象100%的支持、理解和拥护，教育现代化、教育信息化已经成为师生的“自觉行动”。

其次说“求知”。通过我们对国内基础教育课程改革的历史与现状的比较分析，对国外各不同民族、不同文化和不同发展水平国家的基础教育课程改革的经验教训分析比较，得出的基本观点是，基础教育受文化影响是最大的，教育问题基本上是长期存在的共性问题，问题表现形式基本是稳定的，所受的理论影响一般不会引起本质的变革。比如，俄罗斯目前的基础教育理论仍然沿用苏联的理论。我国的教育目标多年来都是“德智体”，教育问题始终在谈减轻学生负担。在附录提供的原始文件中，大家可以轻易找到答案。

本书的主要观点是，基础教育课程改革必须围绕学生的核心素养来进行。第一，要清楚具体的、实在的基础教育的教育教学目标，要区分基础教育的目标、学校教育的目标、具体课程的教育教学目标、课堂教学目标，不能把这些概念混淆了谈。第二，要认识到我们从事的基础教育，既是打基础的教育也是未来的教育，不能用当下的“升学标准、就业标准”来衡量教学质量，要站在未来的角度思考当下孩子需要什么样的教育。第三，要明白基础教育应该是习惯和思维的教育，不是“知识”的教育。什么知识最有价值的讨论应该成为历史，因为一年产生的数据量就能够超过人类有文明记载以来的数据总和（这一说法有多个版本，但是结论都是一致的），应该讨论什么习惯是必需的，什么思维最有价值，未来人们需要多少种思维。第四，要知晓什么东西是教出来的，什么东西是不用学的，什么东西是教也教不会的；什么知识是通过讲授可以解决的，什么知识是通过活动来认知的；什么东西是知道而没有去做，什么是做了还不知道，什么东西是因为不知道而做错了。换句话说，不能什么教学内容都变成课程，更不能够把某一教学内容变成一门课程。课程整合是大势所趋，必须落到实处。第五，要思考基础教育课程改革需要什么勇气来实施。借鉴国外的一定要学会、掌握透彻，看人家到底是在什么条件下实施的，是实践层面还是理念层面的；对待决策，要敢于担当，不能用“推责”的办法来改革基础教育课程设置问题，不能因为某一突发事件就设一门课程，为了解决某一问题再设一门课程，设置课程必须严格履行手续，甚至要经过立法程序；推广某教学方式、教学方法不能忽视前置条件，倡导基础教育学真、真学，实务、务实，不在过程上讲“花样”，而在效果上做文章，因为学生是一个复杂的群体，每一个个体都有其自身的特性。

更重要的一点是，要改变“不切实际”的评价方法。对学校有什么评价，就会产生什么样的办学思路；对学生有什么评价，就会引导教师的教和学生的学。高考不是“罪恶之源”，分数更没有过错，教学质量永远是学校的“永恒主题”，关键是如何评价，如何高考，如何获得分数，什么样的教学质量才是高质量。我曾经为某省分析了一个问题：教学质量用什么来评价？不论学生高考考多少分，一个省内上清华大学、北京大学的学生人数是固定的，上“985”“211”高校的学生人数是固定的，上本科一批学校的学生人数也是固定的，用这些数字来评价教学质量科学吗？能够评出个高低、上下吗？一所超过千人的学校连一个长100米的运动场都没有，学生们的体育课能够正常开课吗？某学校的“五大功能室”里的灰尘厚的都可以写出字来，能说这些相关课程都开设了吗？某学校就三五个老师，非要开设6个年级十几门课程，可能吗？所以，评价的实事求是多么重要呀！

国家关于高考改革的方针政策已经公布，绝大多数省（自治区、直辖市）的高考改革方案也已经获得批准。从目前的改革方案看，最简单的选科组合有20种，很大一部分在35种左右。面对这样的一个现实，基础教育如何适应？

以上，可以说是我们想要突出强调的观点。

本书所依托的重庆市教育委员会人文社会科学类研究项目在申报时是申报重大项目，但是由于多方面原因，获批的是一般项目。项目研究团队一致认为，不论是“重大”还是“一般”，都要按照重大项目来做，因为这个问题十分重要。该项目是一次教育跨界研究的探索，是一次新的尝试，是对教育政策的一次系统梳理。

在研究之初，团队成员有这样的担心，对核心概念之一——“可持续发展”有太多的不理解；但是，可能与本人是研究STS出身有关，项目研究团队坚持了最初的想法没有动摇，经过调查、文献阅读、比较分析，大家不但统一了认识，而且体会到，课程改革真要思考可持续发展问题。

于海洪

2017年4月12日